U0430873

宁涛 宋金淼◎著

调度问题求解与优化

清华大学出版社
北京

内 容 简 介

作为国民经济和综合国力的支柱型产业,物流业已经受到越来越多的重视。本书对不同场景和需求的调度问题进行分析与优化。

全书分为 12 章,内容包括构建基于顾客需求变化的扰动模型,提出基于前景理论的价值函数度量方法,设计物流配送系统中涉及客户心理感知的干扰管理策略,建立一种基于聚类的两阶段医疗物资联合运输的方法体系。

本书适合作为交通运输和调度管理科学相关专业学生、研究人员及管理人员的参考书,也可以作为管理科学、交通运输、运筹学、计算机科学等专业研究生及高年级本科生的教材。

版权所有,侵权必究。举报: 010-62782989,beiqinquan@tup.tsinghua.edu.cn。

图书在版编目(CIP)数据

调度问题求解与优化 / 宁涛,宋金淼著. -- 北京:
清华大学出版社,2024.8. -- ISBN 978-7-302-66968-5
Ⅰ.F253
中国国家版本馆 CIP 数据核字第 2024SJ5286 号

责任编辑: 曾　珊
封面设计: 李召霞
责任校对: 申晓焕
责任印制: 刘　菲

出版发行: 清华大学出版社
网　　址: https://www.tup.com.cn,https://www.wqxuetang.com
地　　址: 北京清华大学学研大厦 A 座　　　　邮　编: 100084
社 总 机: 010-83470000　　　　　　　　　　邮　购: 010-62786544
投稿与读者服务: 010-62776969,c-service@tup.tsinghua.edu.cn
质量反馈: 010-62772015,zhiliang@tup.tsinghua.edu.cn
课件下载: https://www.tup.com.cn,010-83470236
印 装 者: 大厂回族自治县彩虹印刷有限公司
经　　销: 全国新华书店
开　　本: 170mm×230mm　　　印　张: 11.75　　　字　数: 224 千字
版　　次: 2024 年 8 月第 1 版　　　　　　　　　印　次: 2024 年 8 月第 1 次印刷
印　　数: 1~1500
定　　价: 69.00 元

产品编号: 101377-01

前言 PREFACE

随着现代信息技术的飞速发展,尤其是量子技术和智能化算法的发展、普及,基于先进智能方法的调度规划越来越受到生产制造及物流企业的关注。物流业作为国民经济和综合国力的支柱型产业已经受到越来越多的重视。物流配送是近年来调度领域的重要应用之一,其管理手段和技术已经成为提高劳动生产率和降低物料损耗的重要利润源。合理的调度方法不但可以完善物流企业与交通运输部门的协作,促进物流领域理论研究与智能调度指挥系统更有力的结合,而且成为企业迅速占领用户市场的关键。

作者根据多年在调度管理领域的研究心得和实际项目经验编著了本书。本书不但描述了调度领域存在的问题、分类、发展趋势以及评价机制,而且增加了大量面向解决实际问题的数学建模及求解实例,以提高读者的建模能力,拓宽求解问题的思路。

本书内容系统完整、结构严谨,由浅入深地介绍了调度问题的研究现状、研究中存在的问题及基于智能算法的求解策略,还充分考虑应用型本科生及研究生的培养目标和特点,在注重基本概念的同时,重点介绍实用性较强的内容。

作者参考了国内外物流调度、车间调度、车辆路径规划等多个领域专家、学者的最新研究成果,对不同类型和场景下的调度问题进行深入研究和实验,结合该领域本科生/研究生的实际情况和特点,有取舍地编著了本书,使本书更适合于目标读者,具有更好的实用性和扩展性。

本书共 12 章。第 1~3 章介绍了调度问题定义、分类及研究趋势;第 4~12 章中,每一章都针对不同场景和特点的调度问题实例进行深入分析。作者在编写过程中力求符号统一、图表准确、语言通俗、结构清晰。

本书可作为各类高等院校管理科学与工程类、计算机类、大数据应用等专业的实例教材,也可作为调度管理人员的重要参考书。

由于作者水平有限,书中难免存在疏漏、不足之处,恳请广大读者提出批评和改正建议。

宁　涛
2024年春于大连

目 录
CONTENTS

第 1 章　调度优化问题应用概述

1.1　物流配送调度问题研究　　　　　　　　　　　　　　　　　　　/001
1.2　作业车间调度问题研究　　　　　　　　　　　　　　　　　　　/002
1.3　生产批量计划问题研究　　　　　　　　　　　　　　　　　　　/003
1.4　本章小结　　　　　　　　　　　　　　　　　　　　　　　　　/004

第 2 章　车辆路径问题

2.1　车辆路径问题概述　　　　　　　　　　　　　　　　　　　　　/005
2.2　车辆路径问题分类　　　　　　　　　　　　　　　　　　　　　/008
2.3　车辆路径问题的几种研究方法　　　　　　　　　　　　　　　　/009
　　　2.3.1　精确算法　　　　　　　　　　　　　　　　　　　　　/010
　　　2.3.2　启发式算法　　　　　　　　　　　　　　　　　　　　/010
2.4　研究中存在的问题及发展趋势　　　　　　　　　　　　　　　　/014
2.5　本章小结　　　　　　　　　　　　　　　　　　　　　　　　　/015

第3章 量子智能算法

3.1 研究现状 /016
    3.1.1 量子计算特点 /017
    3.1.2 与其他算法的比较 /017
3.2 量子计算逻辑体系 /018
    3.2.1 量子比特 /019
    3.2.2 量子门 /020
    3.2.3 向量空间 /023
    3.2.4 量子理论假设 /024
    3.2.5 量子纠缠 /026
    3.2.6 量子计算特性 /026
3.3 量子计算的内涵及外延 /028
    3.3.1 量子计算原理 /028
    3.3.2 基于量子理论的优化算法原理 /029
3.4 本章小结 /039

第4章 云计算与交通拥堵预测分类

4.1 云算法概述 /040
    4.1.1 云模型的定义 /040
    4.1.2 云模型发生器 /041
    4.1.3 云模型的性质 /043
4.2 云计算的概念 /043
4.3 交通拥堵预测 /044
    4.3.1 拥堵预测分类 /044
    4.3.2 碳排放指标 /045
    4.3.3 拥堵预测方法 /047
4.4 本章小结 /048

目 录

第 5 章　带时间窗的低碳冷链物流调度问题

5.1　问题描述　/049
　　5.1.1　时间窗分类　/049
　　5.1.2　冷链物流配送调度模型　/052
5.2　VRPTW 的改进量子遗传算法研究　/054
　　5.2.1　量子遗传算法工作原理　/055
　　5.2.2　改进量子遗传算法　/056
　　5.2.3　算法复杂度分析　/057
　　5.2.4　实验及分析　/058
5.3　VRPTW 的混合量子粒子群算法研究　/060
　　5.3.1　量子粒子群优化算法　/060
　　5.3.2　粒子编码　/062
　　5.3.3　评价函数的计算　/062
　　5.3.4　混合量子粒子群算法计算步骤　/063
　　5.3.5　仿真实验及分析　/063
5.4　本章小结　/065

第 6 章　云计算模式下的不确定需求物流调度问题

6.1　不确定需求车辆路径问题描述　/067
6.2　不确定需求物流调度问题分析　/068
　　6.2.1　模糊需求量描述　/068
　　6.2.2　VRPUD 模型描述　/069
6.3　不确定需求物流调度问题数学模型　/070
　　6.3.1　静态需求优化阶段　/071
　　6.3.2　动态实时需求优化阶段　/072
6.4　云遗传算法　/073
　　6.4.1　云遗传算法组成要素　/073

V

　　　　6.4.2　云遗传算法操作　　　　　　　　　　　　　　　　/075
　　　　6.4.3　云自适应遗传算法　　　　　　　　　　　　　　/075
　　6.5　数据分析与仿真验证　　　　　　　　　　　　　　　　/079
　　6.6　本章小结　　　　　　　　　　　　　　　　　　　　　/081

第7章　有同时集送货需求物流调度问题

　　7.1　求解方法对比　　　　　　　　　　　　　　　　　　　/083
　　7.2　问题描述和数学模型　　　　　　　　　　　　　　　　/084
　　　　7.2.1　问题描述　　　　　　　　　　　　　　　　　　/084
　　　　7.2.2　数学模型　　　　　　　　　　　　　　　　　　/085
　　7.3　集送货问题模型的分类　　　　　　　　　　　　　　　/086
　　　　7.3.1　调度路径的可行性分析　　　　　　　　　　　　/086
　　　　7.3.2　问题解的可行性分析　　　　　　　　　　　　　/089
　　　　7.3.3　静态调度问题　　　　　　　　　　　　　　　　/091
　　　　7.3.4　动态调度问题　　　　　　　　　　　　　　　　/092
　　7.4　基于混沌理论的改进量子算法　　　　　　　　　　　　/093
　　　　7.4.1　量子算法的优势　　　　　　　　　　　　　　　/093
　　　　7.4.2　混沌理论　　　　　　　　　　　　　　　　　　/094
　　　　7.4.3　量子算法的实现　　　　　　　　　　　　　　　/096
　　7.5　实例研究与分析　　　　　　　　　　　　　　　　　　/099
　　　　7.5.1　混沌方法初始化　　　　　　　　　　　　　　　/099
　　　　7.5.2　改进的方法计算旋转角　　　　　　　　　　　　/100
　　　　7.5.3　量子进化算法　　　　　　　　　　　　　　　　/101
　　7.6　本章小结　　　　　　　　　　　　　　　　　　　　　/103

第8章　云计算模式下的动态物流调度问题

　　8.1　DVRP 调度模型　　　　　　　　　　　　　　　　　　/104
　　　　8.1.1　DVRP 描述　　　　　　　　　　　　　　　　　/104

  8.1.2 目标函数 /105
8.2 DVRP 调度策略 /106
8.3 DVRP 的混合量子粒子群算法 /106
  8.3.1 双链量子编码 /107
  8.3.2 基于 Logistic 映射的粒子群算法 /107
  8.3.3 改进算法设计步骤 /109
  8.3.4 数据分析与验证 /109
8.4 基于云理论的自适应遗传算法 /111
  8.4.1 求解策略 /111
  8.4.2 数据分析与验证 /112
8.5 本章小结 /115

第 9 章 智能量子算法在物流"最后一公里"问题中的应用

9.1 应用背景 /117
9.2 不同模式的配送效率模型 /118
  9.2.1 问题描述 /118
  9.2.2 配送模型分析 /119
  9.2.3 有关 t^s（服务时间）的分析 /121
9.3 改进的量子细菌觅食算法 /123
  9.3.1 传统的 BFOA 算法 /123
  9.3.2 改进的 QBFO 描述 /124
9.4 QBFO 的性能分析 /126
  9.4.1 初始值的设置 /126
  9.4.2 绩效评估 /126
  9.4.3 基于 MAGTD 的调度决策 /127
9.5 案例研究 /127
  9.5.1 仿真示例 /128
  9.5.2 实例测试 /128
  9.5.3 不同配送模式下的成本比较 /129

9.6　本章小结　　　　　　　　　　　　　　　　　　　　　　　　/131

第10章　智能量子算法在物流配送干扰管理中的应用

10.1　应用背景　　　　　　　　　　　　　　　　　　　　　　/132
10.2　干扰管理模型　　　　　　　　　　　　　　　　　　　　/133
　　10.2.1　问题描述　　　　　　　　　　　　　　　　　　　/133
　　10.2.2　干扰辨识及管理模式　　　　　　　　　　　　　　/134
　　10.2.3　问题目标函数　　　　　　　　　　　　　　　　　/135
10.3　配送干扰管理求解算法　　　　　　　　　　　　　　　　/138
　　10.3.1　量子细菌觅食算法　　　　　　　　　　　　　　　/138
　　10.3.2　算法收敛性比较　　　　　　　　　　　　　　　　/139
10.4　数值实验　　　　　　　　　　　　　　　　　　　　　　/140
　　10.4.1　测试算例　　　　　　　　　　　　　　　　　　　/140
　　10.4.2　算例验证　　　　　　　　　　　　　　　　　　　/141
10.5　本章小结　　　　　　　　　　　　　　　　　　　　　　/146

第11章　智能量子算法在疫情医疗物资配置问题中的应用

11.1　研究背景　　　　　　　　　　　　　　　　　　　　　　/147
11.2　医疗物资配置优化模型　　　　　　　　　　　　　　　　/148
　　11.2.1　问题描述　　　　　　　　　　　　　　　　　　　/148
　　11.2.2　符号定义　　　　　　　　　　　　　　　　　　　/149
　　11.2.3　模型构建　　　　　　　　　　　　　　　　　　　/150
11.3　混合量子蒲公英繁衍算法　　　　　　　　　　　　　　　/151
　　11.3.1　量子蒲公英繁衍算法　　　　　　　　　　　　　　/151
　　11.3.2　算法收敛性比较　　　　　　　　　　　　　　　　/152
11.4　实验验证分析　　　　　　　　　　　　　　　　　　　　/153
　　11.4.1　算法结果对比　　　　　　　　　　　　　　　　　/153
　　11.4.2　基于DRO的结果　　　　　　　　　　　　　　　　/154

11.4.3 基于 HQDRO 的结果 /156
11.4.4 对比分析 /158
11.5 本章小结 /159

第 12 章 智能量子方法在末端物流管理问题中的应用

12.1 研究背景 /160
12.2 基于前景理论的扰动度量策略 /161
    12.2.1 问题界定与假设 /162
    12.2.2 基于前景理论的函数表示 /162
    12.2.3 用户心理期望感知分析 /163
12.3 末端物流配送干扰管理模型及求解算法 /164
    12.3.1 配送优化调度模型 /164
    12.3.2 求解算法 /165
12.4 数值实验 /167
    12.4.1 测试算例 /167
    12.4.2 算法性能检验 /167
    12.4.3 算法收敛性比较 /168
    12.4.4 算例分析 /169
12.5 本章小结 /171

后记 /172
参考文献 /174

第1章

调度优化问题应用概述

1.1 物流配送调度问题研究

物流配送是近年来调度领域的重要应用之一。物流业作为国民经济和综合国力的支柱型产业已经受到越来越多的重视。先进的物流管理手段和技术已经成为提高劳动生产率和降低物料损耗的重要因素。合理的调度方法不但可以提高物流企业的配送效率、改进物流企业管理水平，而且可以完善物流企业与交通运输部门的协作，促进物流领域理论研究与智能调度指挥系统更有力地结合。

物流配送车辆路径问题（Vehicle Routing Problem，VRP）是物流配送环节中的重要一环，该问题由 Dantzig 和 Ramser 于 1959 年提出，其含义是组织和安排合理的路线，使配送车辆能够在满足一定约束条件（如车辆载货量、集送货物需求量、配送到达时间窗和车辆行驶路线要求等）下，对客户点进行有序服务，并达到优化目标（如最小化配送时间、最小化车辆数量、最小化配送成本和最大化客户满意度等）。

国外学术界对物流配送车辆路径优化问题的研究经历了 60 多年的发展，开展了大量卓有成效的研究，从最初的静态 VRP，逐渐发展到带时间窗 VRP、有同时集送货需求 VRP……直至现今的随机需求 VRP 和模糊 VRP 等。近年来，随着计算机技术的普及和网络技术的迅猛发展，国内外研究的热点已转至对动态 VRP 的研究。研究的类别包括有能力约束 VRP、带时间窗约束 VRP、有同时集送货需求 VRP、开放式 VRP、带回程载货 VRP、多仓库 VRP、多车型 VRP、随机需求 VRP、模糊 VRP、非对称网络 VRP 和动态 VRP 等。对 VRP 调度研究算法按照发展阶段可分为精确算法（包括分支定界法、割平面法和动态规划法等）、启发式算法（包括节约法、插入法和两阶段法等）、现代智能优化算法（包括遗传算法、模拟退火算法、粒子群算法和人工神经网络算法等）。

调度问题求解与优化

1.2 作业车间调度问题研究

作业车间调度问题(Job-shop Scheduling Problem,JSP)是调度领域的研究热点问题,它普遍存在于实际制造生产企业,涉及作业与生产资源的匹配优化问题。作业车间调度问题的研究旨在提高制造企业的设备使用率、减少工件的待加工时间、优化加工路线,以最小化工件的最大完工时间、最小化机器设备闲置时间、最小化工件的装夹时间和物料损耗等,因此在制造生产企业,调度问题也被称为资源分配问题或排产问题。

自20世纪50年代Johnson首先对两台机器有序加工型的流水车间调度问题进行系统研究开始,国内外学者陆续开展了对JSP的研究,并取得一系列研究成果。制造业管理技术的发展经历了20世纪70年代的物料资源需求计划(Material Resource Plan,MRP)阶段,80年代的制造资源需求计划(Manufacture Resource Plan,MRP)阶段,90年代的企业资源需求计划(Enterprise Resource Plan,ERP)阶段,以及随后出现的第二代ERP等理念。这些不仅在一定程度上提高了制造业的管理技术和智能化水平,同时改善了生产环境、提高了产品制造效率。但在我国制造企业中真正成功实施了依靠信息化技术和先进管理理念的例子并不多,仅占整个制造业的15%左右。制造业生产管理的核心是车间作业计划。JSP可分为单目标车间调度问题、多目标车间调度问题、模糊车间调度问题、静态车间调度问题和动态车间调度问题。

JSP的调度目标是在满足不同约束条件下,合理安排工件及工序,使之对不同性能指标进行优化,可定义为:有n个工件在m台机器上进行加工,每个工件有多道工序,每道工序可以在若干台机器中的一台进行加工,且必须按照一定的次序加工;每台机器可以对同一工件的若干工序进行加工,且不同机器的加工工序集无须相同。

根据问题研究角度的不同,可对JSP进行不同分类。按照加工特点分为静态车间调度问题(Static Job Shop Scheduling Problem,SJSP)和动态车间调度问题(Dynamic Job Shop Scheduling Problem,DJSP);按照调度依赖的资源分为单资源依赖调度问题(Single Resource Dependence Scheduling Problem,SRDP)、双资源依赖调度问题(Dual Resource Dependence Scheduling Problem,DRDP),以及多资源依赖调度问题(Multiple Resource Dependence Scheduling Problem,MRDP);按照工件和车间构成分为开放车间调度问题(Open Shop Scheduling Problem,OSP)、流水车间调度问题(Flow Shop Scheduling Problem,FSP)、单机调度问题(Single Machine Scheduling Problem,SMP)、并行机调度问题(Parallel Machine

Scheduling Problem,PMP)和作业车间调度问题。

目前 JSP 研究的热点是综合运用多种智能算法,并且以时间性能是否达到最优作为重要评价指标。求解 JSP 的优化算法大致分为四类:①直接派工法(最早交货期优先、最短加工时间优先和最长加工时间优先),此类方法可以短时间获取近似最优解,但仅能处理比较简单的调度问题;②精确算法,此类算法虽然可以根据调度问题的特点,采用数学规划理论来抽象约束条件和目标函数,并最终求取最优解,但是由于方法对计算机性能有较高要求,使最优解的获取局限于理论层面;③经典启发式算法(构造法、两阶段法、改进法);④亚启发式算法(细菌算法、鱼眼算法、蜂群算法、遗传算法、蚂蚁群算法以及人工神经网络等)。因为进化算法具有结构简单、适用面广和鲁棒性强的特点,所以它常被用来求解 JSP 优化问题。该类算法中,种群的进化是通过群体搜索策略与个体间进行信息交互来完成,这一点在基于粒子群算法和遗传算法等方法中有较广泛的应用。粒子群算法由于具有记忆性强和易于实现的优点,近年受到越来越多的关注和应用。例如,H. Zhang 等运用粒子群优化算法对资源受限制的项目调度问题进行求解,过程中设计了基于优先列表和置换的粒子编码方式。B. Liu 等在将粒子群优化操作算子和局部搜索算子结合的基础上,运用基于 Memetic 算法的粒子群算法对置换流水车间调度问题进行求解。D. Y. Sha 等通过改进粒子群算法的速度更新公式,并结合禁忌搜索算法的组合优化对 JSP 进行求解。

1.3　生产批量计划问题研究

离散制造业的批量计划问题是生产企业管理中的常见问题,其主要目标是确定最优的生产批量,使生产费用、生产调整费用和库存费用等综合指标最小或利润最大。生产批量计划问题的研究最初集中于一些简单的分批规则和动态规划算法,此类算法是为解决无能力约束的单项目生产分批计划问题而提出的。20 世纪 20 年代生产模式经历了一次大转换:由单件小批量的手工生产模式,发展为以标准化、通用化、集中化为主要特征的大量生产模式。20 世纪 80 年代后,随着市场多变性发展以及市场对产品个性化需求的增加,企业经营环境急剧变化,逐渐由大量生产模式转向多品种小批量的生产模式,这种生产模式现已发展成为生产调度领域的主流。目前国内外的小批量、多种类产品生产制造管理包括两类问题:一类是加工环节的优化调度;另一类是装配环节的优化调度。加工环节的优化调度解决的是新产品加工过程中的工序加工次序问题和机器分配问题,属于 JSP 范畴。我国多品种中、小批量生产的产值占机械工业总产值的 75%～85%,但批量生产企业的生产效率低下,设备平均有效利用时间仅为 25% 左右,物料在流动过程中有高达95%的时间处于不增值的活动中。在批量生产方式下，同一工件往往包含若干数量，工件的生产通常批量进行，用什么方式对产品进行分批，并安排合适的机器进行加工，已成为实际生产中亟须解决的问题。

Low 指出，在缩短完工时间和制造成本方面，等量分批优于非等量分批。Karmarkar 提出加工批量与完工时间存在 U 型关系，表明理论上存在最佳加工批量。潘全科和 Low 等研究表明，在作业车间生产中，通过分批处理，可以有效地缩短工件的完工时间，减少空闲时间和提高机器利用率，但这并没有解决如何分批的问题。鞠全勇等以每个工件作为一个批量，在进化过程中把排序相邻的同类工件合并为一个子批次，将粒子群算法和遗传算法进行结合，提出了批量生产优化调度策略。该方法能有效解决小批量问题，但在问题规模较大时复杂度较高，搜索性能降低，难以获得良好的 Pareto 解。孙志峻等提出一种将工件子批数量和加工工序包容在一起的染色体编码方式，采用基于遗传算法的等量分批调度方法求解中小批量多工艺加工作业计划问题。

与传统模式相比，多品种小批量的生产模式具有如下特点：

（1）产品种类繁多，顾客有多种个性化需求，并且批量不同，提货期也不同。

（2）产品设计工作量大，需要人员多。由于设计得不到多次制造和使用过程的检验，往往要求一次性设计通过，设计质量提高难度大。

（3）产品工艺路线复杂，编制工艺任务同样繁重，生产重复程度低，材料消耗定额不易确定。

（4）生产情况多变，特殊事件较多，调度计划优化较困难。

（5）原材料种类变化大，不易与供应商建立长期稳定的合作关系，原材料的质量和交货期难以保证。

1.4　本章小结

调度管理的定义为：将有限的时间资源分配给若干任务，以满足或优化一个或多个目标。近年来，调度管理方法在管理目标、管理技术和管理理念等多方面得到了应用和发展，其特点包括计算复杂性、多目标性、不确定性、动态性、离散性和多约束性。优化是以数学为基础，用于解决不同工程问题优化问题的应用技术；优化问题存在于关系国民经济各个部门以及科学研究的不同领域，其目标是从所有可能的方案中选择出最合理、最可能达到最优目标的方案。

第2章

车辆路径问题

作为运输配送系统的关键环节,车辆路径问题(Vehicle Routing Problem,VRP)已成为引人注意的焦点问题之一,并成为运筹学领域的经典优化组合问题,引起了网络分析、应用数学以及图论等领域专家的研究兴趣。

2.1 车辆路径问题概述

物流配送车辆优化调度问题,即车辆路径问题由 Dantzig 和 Ramser 于 1959 年首次提出,其目的是通过安排合理的车辆行驶路线来实现运输成本最小化,其一般定义为:对一系列装货点和(或)卸货点,组织合理的行车线路,使配送车辆能有序地通过,在满足一定约束条件(如车辆的装载量、货物需求量、货物送到或集取时间等)的前提下,达到既定的目标。一般的 VRP 是以派出车辆数目最少为基本优化目标,其次包括配送总里程最短、总成本最低和装箱时间最短等。很多领域都涉及 VRP,其应用包括物流货品配送、公交线路设置、报品投递、交通运输工具(如航空、铁路、船舶等)时刻安排和废品收集等。

现代物流作为一种先进的组织方式和管理技术,已被认为是企业中除了节约物资消耗和提高劳动生产率之外的第三种利润源泉,所以有效地提高车辆调度效率对物流配送企业具有十分重要的意义。物流配送车辆优化调度中的车辆路径问题是物流配送优化的关键环节,对调度问题的优化不仅可以提高经济效益,还有利于物流企业的集约化发展,更好地发挥现代交通运输调度系统的科学化功能。

现在关于车辆路径问题的研究领域可分为如下典型的子问题:①带时间窗约束的车辆路径问题(VRP with Time Windows,VRPTW);②带同时集送货的车辆路径问题(VRP with Pick-Up and Delivering,VRPPD);③有装载能力约束的车辆路径问题(Capacitated VRP,CVRP);④随机需求的车辆路径问题(Stochastic

VRP,SVRP);⑤周期规划的车辆路径问题(Periodic VRP,PVRP);⑥回程时集货的车辆路径问题(VRP with Backhauls,VRPB);⑦开放式车辆路径问题(Open Vehicle Routing Problem,OVRP);⑧异型车辆路径问题(Heterogeneous Vehicle Routing Problem,HVRP);⑨动态车辆路径问题(Dynamic VRP,DVRP)等。其中有装载能力约束的车辆路径问题(CVRP)在现实世界中应用最为普遍,其研究成果成为研究其他车辆路径问题的基础;而在动态车辆路径问题(DVRP)中,动态变化客户需求对调度策略有较高的灵活性和实时性要求,是最为复杂的一类问题。

车辆路径问题可抽象为旅行商问题(Traveling Salesman Problem,TSP)和装箱问题(Bin Packing Problem,BPP)的组合,即假设配送车辆的装载量无限大,就能够得到一个多旅行商问题(Multiple TSP,MTSP),而 MTSP 又可以表示为等价的 TSP:用 n 表示配送车辆数目,把车场点复制 $n-1$ 次,并且设车场及这些复制点之间的路径长度为 0。假设客户点以及车场与客户点之间的路径长度为 0,则该问题便可转换为 BPP。基于这两种约束条件的松弛可知,一个 VRP 可行解是一个对应于上述问题的 TSP 巡回(Tour),该巡回必须满足 BPP 的条件(对应 n 条线路的客户点的需求和不超过车辆装载量)。因为 TSP 和 BPP 已经被证明是 NP-hard 问题,因此 VRP 也是一个 NP-hard 问题。

在过去几十年里,国内外学者在对车辆路径问题的求解算法方面取得了大量研究成果。物流配送也从传统的大批量、统一配送转换为现在的小批量、多批次配送。随着对车辆路径问题研究规模的扩大,问题求解的状态空间也逐渐增大。如何根据天气变化、交通路况信息、客户动态需求以及决策者主观偏好来及时、准确地规划和选取调度方案,是减小问题求解状态空间的有效切入点。

一般认为,在车辆路径问题(如图 2.1 所示)中,不涉及时间的是路径问题,而涉及时间的是调度问题。

车辆路径问题的分类主要基于其构成要素的不同组合,表 2.1 列出了主要构成要素及其对应的属性。

表 2.1　车辆路径问题主要构成要素及其属性

构 成 要 素	属　　性
仓库	单点库或多点库
客户	带时间窗/无时间窗、集货/送货、静态需求/动态需求、确定需求/不确定需求、客户重要程度等级
车辆	载货量、容积、单车型/多车型、车辆数目约束、最大行驶里程约束
道路网	无向网/有向网、静态网络/动态网络
车辆管理	开放式(车辆不返回车场)/闭合式(车辆返回车场)、客户只能由一辆车服务/客户可由多辆车服务
优化目标	最小化总运输成本(如出车数目、行驶里程等)、最小化客户等待时间、最大化客户满意度

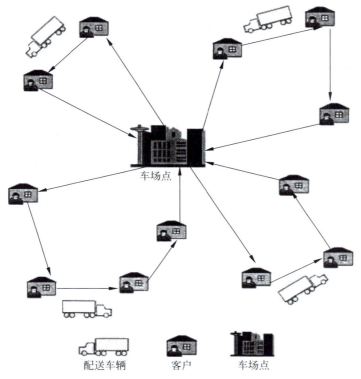

图 2.1 车辆路径问题示意图

车辆路径问题是一种应用性很强的优化调度问题,其在交通运输、物流配送等领域获得了广泛的应用,日常生活中存在大量与车辆路径问题相关的例子。

例 2-1 电话叫车服务问题。

某出租车公司提供电话叫车服务,出租车从公司出发,分别在客户指定地点接载客户并将其送往目的地。此例中 VRP 的目标是出租车完成全部预约服务的油耗最少(行驶时间最短)。

例 2-2 除雪车辆路径问题。

为保证冬季雪后行车安全,市政部门需要调用除雪车清除路面积雪,除雪车从车库出发沿既定路线进行操作,完成辖区所有街道的除雪任务后返回车库,假设每条街每辆车只能除雪一次,调度目标为总除雪时间最短。

例 2-3 垃圾回收问题。

垃圾管理中心每天对辖区内的生活垃圾进行统一收集处理,垃圾车从垃圾站出发,按规定路线收集垃圾,收集完所有垃圾后返回垃圾站;每户每天只被收集一次垃圾,调度目标为出动垃圾车数量最少及车辆的总行驶时间最短。

例 2-4　机场延误班机客流调度问题。

由于各种客观因素可能导致航班延误,当发生航班延误时,机场需要在不造成新延误的前提下尽快对乘客进行分流,通常延误时间越长则调度成本越高,因此需要建立实时客流调度系统,使航班平衡度最大及乘客总延误时间最小。

例 2-5　远洋集装箱货物配送问题。

某航运公司利用集装箱货轮进行远洋商品运送,货轮从公司所在港口出发,依次将商品送达目的港口后返回出发港,规定每个目的港口被访问且仅访问一次,调度目标是货轮完成全部送货任务的总航程最短。

上述几个例子分别从货物配送、垃圾收集、交通运输等方面描述了 VRP 的应用。除此之外,VRP 还扩展到计算机集成制造、工业系统设计等领域,具有很强的实用价值。

车辆路径问题不仅是针对汽车的调度问题,还可以应用于飞机、轮船等交通工具的调度。调度目标通常包括总成本最低、总距离最短和总时间最少,这些目标的共同点是通过选择适当的行驶路线来优化成本。VRP 的建模通常是将一切交通工具抽象为车辆(Vehicle),将车辆的服务对象抽象为用户(Customer),将用户的服务量抽象为需求(Demand),将车辆的调度中心抽象为站点(Depot),将车辆的行驶路线抽象为路径(Route),将车辆的配送油耗、时间等抽象为成本(Cost)。

2.2　车辆路径问题分类

根据构成要素的不同,可将 VRP 大致分为如下类别。

(1) 依据车辆货物装载量可分为完全满载、非满载和不完全满载三类问题。其中完全满载问题是指客户需求量超过车辆最大载重或者与其相等,需要一台以上的车辆满载才能完成同一项运输配送任务;非满载问题是指客户需求量低于车辆最大载重,在同一台车辆中可以装载一项以上的运输配送任务,并且在配送服务过程中的大部分时间车辆是非满载的。不完全满载问题是指一些客户需求量超过或等于车辆最大载重,同时其他客户需求量低于车辆最大载重,从而使得一部分车辆在配送过程中需满载,另一部分车辆大部分时间是非满载的。

(2) 依据配送任务特点可分为有独立送货需求问题、有独立集货需求问题和有同时集送货需求问题。其中,有同时集送货需求问题是指在将货物从配送中心送到各客户点的同时,还需要将客户点收集的货物送回配送中心。

(3) 依据客户对货品收集和发送的时间要求可分为无时间窗问题和带时间窗问题。无时间窗问题是指客户没有对收集或发送货物的时间提出具体需求。带时间窗问题包括硬时间窗问题和软时间窗问题。其中硬时间窗问题是指客户对收集或发送货物的时间有严格要求,不能提前或晚于规定的时间窗范围。软时间窗问题是指客户提出货物尽可能在规定的时间窗范围内被收集或发送的要求,配送方在接受特定惩罚的前提下,可以适度提前或延迟。

(4) 依据客户需求信息是否变化,可分为静态问题和动态问题。

(5) 依据车辆类型可分为同型车辆问题和异型车辆问题。同型车辆是指全部配送车辆的最大载重量是相等的;异型车辆是指所有车辆的最大载重量不是完全相同的。

(6) 依据优化的目标数量可分为单目标问题和多目标问题。其中单目标问题是指完成任务需要达到单一的配送目标;多目标问题是指完成任务需要达到多个配送目标。

(7) 依据配送车辆所有权与车场的从属关系可分为开放式车辆问题和闭合式车辆问题。开放式车辆问题是指车辆完成任务后无须返回车场;闭合式车辆问题是指车辆完成任务后必须返回车场。

2.3 车辆路径问题的几种研究方法

在互联网中有关 Vehicle Routing Problem 的学术搜索结果已超过 3 160 000 项。针对 VRP 的优化算法大致可分为三类:精确算法(割平面法、分支定界法、动态规划法和网络流法等)、经典启发式算法(构造启发式算法、两阶段启发式算法和改进启发式算法)和亚启发式算法(模拟退火算法、禁忌搜索算法、粒子群算法、遗传算法、蚁群算法以及人工神经网络等)等。本书根据 VRP 的特点,采用模拟仿真的思路,重点将量子算法与多种智能算法相结合,并研究其在 VRP 上的应用,以期研究内容有助于开发先进的车辆路径调度系统,并实现对企业运输成本的节约以及对车辆使用率的提高,从而更大程度地满足客户对配送商品高效、快捷方面的需求。VRP 的优化方法同时对其他相关领域(如车间调度、电力调度等)的问题也具有一定借鉴意义。因此对车辆路径问题的深入研究有较高的科学意义和实际价值。

目前,对车辆路径问题的求解算法包括精确算法和启发式算法(Heuristics)。精确算法通常用来求解小规模问题的最优解;而车辆路径问题的求解以启发式算法为主。启发式算法又可分为经典启发式算法(Classical Heuristics)、现代启发式算法(Metaheuristics,也称为通用启发式算法或智能优化算法等)和混合启发式算法(Hybrid Heuristics)。早期对 VRP 的研究主要使用精确算法,而精确算法求解此类问题的工作量一般会随问题规模的增大呈指数增长,大多在理论上可以找到问题最优解,但在实际应用中的范围有限。因此,国内外学者、专家在求解 VRP 问题时，主要关注于启发式算法。20世纪60年代到90年代期间，对启发式算法的研究主要集中于经典启发式算法；90年代后，现代启发式算法成为构造求解VRP算法的研究热点。近年来，混合不同现代启发式算法的优化技术逐渐成为求解VRP算法新的关注点。

2.3.1 精确算法

精确算法是指通过有限次计算和推理能够得到优化问题最优解的算法。目前已用于求解VRP的精确算法主要包括：①K度中心树法，于1994年由Fisher提出对固定车辆数的VRP进行K度中心树松弛；②动态规划法，于1971年由Christofides用此方法放宽空间变量求解VRP；③集分割和列生成法，VRP的集分割直接考虑可行解集合，Rao等在此基础上引入列生成法进行求解，Lorena等对列生成法进行了改进；④其他精确算法求解VRP，例如分支定界法（Branch and Bound Approach）、网络流算法（Network Flow Approach）、割平面法（Cutting Planes Approach）、修正拉格朗日松弛及子梯度优化方法。此类算法虽然可以求得问题的精确解，但是计算复杂度大，对于规模较大的问题，计算时间过长以致失去了实用性，仅能用于解决规模较小的问题，实际使用中有很大的局限性。

2.3.2 启发式算法

1. 经典启发式算法

经典启发式算法从类别上可分为节约算法、扫描算法、λ-opt算法、两阶段算法和路线改进算法。

1）节约算法

节约算法简称CW算法，是由Clarke和Wright于1964年提出的基于节约准则的车辆路线逐步构造算法。该算法的求解思路为：算法中的初始路径是n条路径集，其中仅包含一个客户点和车场点。算法在迭代过程中的每个步骤都是根据最大节约值原则对两条路径进行合并。该算法由于其运算原理简单，已被更多不同类启发式算法用于产生初始解。CW算法自产生以来被很多专家、学者改进，Gaskell和Yellow在算法中，提出用节约计算公式$S_{ij}=C_{i0}+C_{0j}-\lambda C_{ij}$来获取更为紧密的路径，公式中$\lambda$表示正参数。M.D.Nelson和H.Paessens等借助复杂的数据结构和排序方法来对节约值进行处理。Desrochers、Verhoog、Altinkemer和Gavish提出基于匹配算法（Matching Algorithm）的节约算法对CW算法的路径合并过程进行优化。Wark和Holt对基于匹配算法的CW算法进行研究，提出基于顺序算法的插入式节约算法，作者通过实验结果得到结论表明所提出的算法性能在较大程度上得到改进，缺点是实现算法的同时增加了计算时间。

2）扫描算法

1974 年 Gillett 和 Miller 提出了扫描算法,该算法首先通过对一个以车场为圆心的射线进行旋转来分组各客户点,直至分组不再满足诸如载重量或配送时间等约束条件；其次进行新的一轮扫描,直至扫描到平面上的全部点为止；然后对每一条路径进行单独求解。扫描算法的应用有一定的局限性,它仅适合于具有平面结构的 VRP,而不适合于具有栅格街道图的 VRP。

3）λ-opt 算法

1965 年,Lin S 提出了 λ-opt 路径化思想,即针对既定的初始回路,用每次交换 λ 条边的方法对当前解进行改进。在这种路径化思想基础上,学者 Or.I 和 Renaud 分别提出了 3-opt 算法和 4-opt 算法。虽然这类算法获取最优解的最大值可能达到 0.99,但 λ 的增大却是以增加时间成本为代价。

4）两阶段算法

Fisher、Jaikumar 和 Christofides 等所提出的算法是求解 VRP 中比较典型的两阶段算法。Chistofides 算法包含序列路径构造和并行路线构造两个阶段。Bramel 和 Simchi-Levi 于 1995 年提出基于选址的两阶段启发式算法,该算法对 Fisher 和 Jaikumar 所提出的种子客户点选择的方法进行了优化,种子客户点的确定通过对一个能力约束选址问题进行求解获得。

5）路线改进算法

Thompson 和 Psaraftis 求解 VRP 和 VRPTW 时提出了一种基于循环 m-转移 (cyclic m-transfers)思想的方法,即针对每个 j,将 m 个点同时从路线 I^j 转移到路线 $I^{\delta(j)}$。

2. 现代启发式算法

现代启发式算法也称为智能优化算法,包括禁忌搜索算法(Tabu Search,TS)、遗传算法(Genetic Algorithm,GA)、模拟退火算法(Simulated Annealing,SA)、蚁群算法(Ant Colony Optimization,ACO)及粒子群算法(Particle Swarm Optimization,PSO)等。

1）禁忌搜索算法(Tabu Search,TS)

禁忌搜索算法是由 Glover 于 1986 年提出的一种全局逐步寻优算法,是对局部邻域搜索的扩展。为了弥补局部邻域搜索容易陷入局部最优解的缺点,禁忌搜索算法使用禁忌表对到达过的局部最优点进行记录。通过这种方式,使得在下一轮搜索解的过程中,借助表中信息可以有选择地进行搜索,被禁止访问的解被看作进入"休眠"状态。但是通过该算法求得的解却不一定都是可行解,因为它通过函数的惩罚系数来体现对可行性的偏离程度。TS 算法已经成功地运用于许多典型 VRP 中。Garcia 等于 1994 年首先把 TS 算法应用到 VRPTW 问题中。首先用

Solomon 插入启发式算法对初始解进行构造,然后用 2-pt 和 Or-Opt 算法对解进行改进。此后的研究者提出过不同类型的改进算法,如 Taillard、Gendreau 等按照线路在极坐标的中心位置对其进行分组,研究结果显示其最优解好于传统算法的局部极值解,并具有较好的收敛性。Toth 和 Vigo 于 1998 年设计了 Granular Tabu Search 算法,该算法通过设定既定界限后,直接对长度超过界限的边进行删除,以达到压缩搜索空间、减少搜索时间的目的。Chao 和 Scheuerer 分别于 2002 年和 2006 年使用 TS 算法对带拖车的 VRP 进行求解。Alfredo Tang Montané 和 Galvao 于 2006 年使用该算法求解了有同时集送货需求的 VRP。但禁忌搜索算法对初始解的依赖使其需要与其他方法结合使用。

2) 遗传算法(Genetic Algorithm,GA)

美国密西根(Michigan)大学的 John Holland 教授于 1975 年发表了题为 *Adaptation in natural and artificial systems* 的著作,文中首次提出遗传算法(Genetic Algorithm,GA)。遗传算法是一种随机搜索算法,它借鉴了生物界的遗传和自然选择机制,其执行原理是用染色体的适者生存过程来表示问题的求解过程,把问题的参数空间替换为编码空间,以此建立起把适应度函数作为评价依据、把编码群体作为进化基础的迭代过程,遗传和自然选择机制通过对群体中个体位串的遗传操作来实现。在全局空间内搜索和隐含并行性是 GA 的两个重要特点。经过 Goldberg 教授等学者的总结和归纳,在 20 世纪 80 年代后期形成了 GA 理论框架体系基础,并逐渐应用于与 VRP 相关的优化组合领域。Thangiah 等学者采用先分组后线路的策略首次把 GA 应用到带时间窗约束的车辆路径问题。随后,Potvin 和 Bengio 于 1994 年提出了名为 Generous 的遗传算法来求解车辆路径问题,该算法包含了顺序交叉和路径交叉两种交叉算子。Gehring 和 Homberger 等学者于 2002 年对车辆路径问题进行了研究,使用了随机局部搜索策略实施频率和通过二元参数控制 GA 在最短里程和最少车辆数间轮流搜索。遗传算法还与其他启发式算法相结合,应用于不同领域。

3) 模拟退火算法(Simulated Annealing,SA)

模拟退火是一种概率性局部搜索算法,它用某种既定概率对邻域内费用最大状态进行选择。SA 的思想最早由 Metropolis 于 1953 年提出,1983 年被 Kirkpatrick 等学者成功应用于组合优化问题。

SA 在对 VRP 进行求解时,既能接受目标函数的改进状态,也可以接受目标函数的轻微退化,通过这种方式避免早熟、收敛等缺点。Tian 等研究者于 1999 年在求解 VRP 时使用一种基于最优接受策略,把 SA 与 2-Opt 结合,共同优化 SA 算法。Czech 和 Czarnas 等研究者于 2002 年对并行 SA 在车辆路径问题中的应用进行了系统的研究。Li 等学者于 2003 年对 SA 与 TS 相结合的混合算法进行了研究设计,算法中的初始解通过 Solomon 插入法构造,同一线路和不交叉线路中客户点的排列通过 TS 的移位和交换算子实现,算法依据实时最优解和设置的温度展开搜索。Bent 和 Hentenryck 于 2004 年提出了两阶段算法,即在第一阶段使用 SA 将车辆数最小化,在第二阶段使用大邻域搜索算法将路径长度最小化。

4) 蚁群算法(Ant Colony Optimization,ACO)

蚁群算法是一种模仿蚂蚁觅食行为的基于群体合作的新兴智能算法,它于 1991 年由意大利科学家 M.Dorigo 提出。ACO 模仿自然界蚂蚁在觅食过程中留下特殊的信息素,其他蚂蚁根据信息素的强弱来判断前进路径。ACO 已经逐渐成为求解不同类型组合优化问题(如车间调度问题、车辆路径问题等)的主要方法。ACO 最早被 Bernd Bullnheimer 等于 1998 年应用于车辆路径问题。John 和 Patrick 等研究人员于 2004 年借助 2-Opt 和候选表改进了线路,并在此基础上研究了非单一种群的蚁群算法。Marc 等研究人员于 2002 年用节约算法对 SA 的初始解进行构造,并对分解蚁群算法进行了研究,算法过程为:先用 Sweep 算法对客户进行分组,接着用节约蚁群算法对各分组内的排序进行求解,最后合并各分组的解,并更新信息素。Gambardella 等学者通过对车辆数和路径长度进行优化来实现 SA 对 VRPTW 的求解。Donati 等学者于 2003 年在求解动态网络车辆问题中使用了蚁群算法。Montemanni 等学者在求解动态车辆问题中使用蚁群算法,并提出了一种三元素系统框架。Paola 等学者于 2007 年使用改进的多蚁群算法对异型车辆路径问题、多时间窗约束车辆路径问题等进行了求解。虽然 ACO 在求解不同车辆路径问题中显现出优势,但其存在一些固有的缺点,例如,搜索时间长,搜索过程中由于所有个体发现的解完全一致而可能导致停滞。

5) 粒子群算法(Particle Swarm Optimization,PSO)

粒子群算法由 Kennedy 和 Eberhart 于 1995 年提出,它的特点是调整参数少、算法简单和鲁棒性强,已广泛应用于多种优化问题中。粒子群算法的思想是:算法中每个优化问题的解都被看作搜索空间的粒子,每个粒子都有一个被优化函数所决定的适应值。近年来,国内学者对粒子群算法在 VRP 中应用的研究也陆续展开。李宁在对有能力约束和有时间窗的 VRP 进行求解时使用了基于二维实数编码方案的 PSO。肖健梅等学者研究了在 VRP 中使用整数编码和实数编码两种方案的 PSO。Chen 等学者对 VRP 中离散粒子群算法的应用进行了研究,并结合模拟退火算法进行改进。邱晗光等学者在求解开放式定位分配的 VRP 时使用了遗传算法、模拟退火算法与粒子群算法相结合的方法。徐杰等学者在求解多目标 VRP 时使用了带变异算子的粒子群算法。丰伟等学者在求解 VRP 时设计了基于顺序表编码的改进粒子群算法。

当前有关粒子群算法在车辆路径问题应用中的研究相对较少,随着该算法和

调度问题求解与优化

其他启发式算法结合的不断深入,研究的重点将逐渐转移到与多种启发式算法的混合应用。

6) 其他优化算法

国内外学者已经对智能算法开展了系统的研究,除了上述算法外,还包括人工神经网络算法、约束规划法、随机贪婪算法和细菌觅食算法等。这些算法已经广泛应用于对 VRP 的研究,但是由于国内学者对 VRP 的研究起步较晚,所以很多成果还局限于对现有算法的改进或混合设计。

2.4　研究中存在的问题及发展趋势

国内外学者已经从模型优化、搜索技术和求解方法等方面对 VRP 开展了多角度的探索性研究,并取得了丰硕的阶段性成果。同时,VRP 的求解仍存在一些问题。

(1) 研究的 VRP 模型数量不少,但研究点单一,与实际应用之间还存在一定距离。实际问题中的约束条件往往具有不确定性,综合考虑车辆、客户需求、路况信息等多种不确定因素的问题时,需要更深入的探索。

(2) 当 VRP 规模限制在 200 个客户点以内时,已有的求解方法可以从不同角度切入,但当 VRP 规模扩大时,已有方法的求解效率将明显降低甚至停滞。其主要原因在于当问题规模增大时,解的状态空间也随之迅速膨胀。当遇到规模较大的 VRP 时,如何有效降低问题求解的状态空间,还需要更详细的研究。

(3) 现有算法解决的问题大多局限于信息明确的情况下,而对客户具体位置、客户重要程度、路况随时间段变化的通畅程度等客户方和交通环境等因素考虑较少。这可能使算法局限在理论层面,降低了算法的实用价值。问题的求解过程应该考虑车辆配送过程可能遇到的不确定因素,需要更细致地研究客户的动态需求和路况的动态变化。

(4) 在车辆配送过程中,根据满足客户的不同需求以及在保证客户满意的前提下尽量降低配送成本是决定车辆路径问题效果的关键。当前研究过多地倾向于单一目标的现状,也使问题的求解出现顾此失彼的现象,因此尽可能将关系客户和企业双方利益的多重目标进行综合考虑应该是未来研究的关键点之一。

(5) 当前针对解决 VRP 不同算法的评价标准尚未统一,不同算法对测试数据的规模和数值有一定差异,这会导致对算法性能的评价缺少客观性。根据 VRP 类型的不同,选择统一规模的数据进行测试,这是评价不同算法性能优劣的前提。建立统一的、有针对性的算法性能评价标准体系是亟须解决的重要问题。

2.5　本章小结

车辆路径问题作为运输配送系统的关键环节已成为引人注意的焦点问题,并成为运筹学领域的经典优化组合问题,引起了网络分析、应用数学及图论等领域专家的研究兴趣。本章在深入调查物流配送企业的基础上,分析社会化物流配送需求,提出了现阶段车辆路径问题存在的问题和发展趋势。

第3章

量子智能算法

量子力学反映微观世界粒子（如分子、原子等）的运动规律，它不适合于传统的宏观物体轨道运动。经过诺贝尔物理学奖获得者普朗克、波尔、德布罗意、海森堡、狄拉克、薛定谔、波恩等创立的量子力学是对经典力学的突破，量子力学认为：微观粒子具有波粒二象性，满足薛定谔方程，服从统计的规律。

3.1 研究现状

量子计算是建立在量子力学基础上，与信息科学、计算科学等诸多领域学科融合而形成的一门新兴学科。它采用了微观世界的粒子运动规律和量子的一些固有性质（如量子相干性、量子叠加性、量子纠缠态和量子测量等）来处理一些经典计算方法难以求解的问题。通过运用这些量子的特性，量子计算在处理特定问题时呈现了超强的并行计算能力、指数级的存储容量，以及更好的有效性特征等优势。1900年，Max Planck教授在德国物理学年会上首次提出了"能量量子化"的概念，并由此从理论上导出了与实验相符合的黑体辐射定律，继而创建了量子论。后来的物理学家在此基础上经过努力创新，形成了现有的量子力学理论体系，给人类的生活带来了翻天覆地的变化，极大地改变了经典物理学对世界的认知方式，以下介绍一些具有里程碑意义的研究。1982年，Benioff和Feynman发现了将量子力学系统用于推理计算的可能性。Benioff最早用量子力学来描述可逆计算机，Feynman发展了Benioff的工作，构造了对应各种逻辑门的哈密顿量。1985年，Deutsch进一步提出了量子图灵机和通用量子计算机的最初构想，提出了第一个量子计算模型，随后又提出了量子计算网络，构造了两个量子比特的算法。Andrew Chi-ChiYao证明了任意在量子图灵机上是多项式时间可计算的函数一定存在一个相应多项式大小的量子电路。1993年，Bernstein等学者研究了量子计算复杂性理论,对量子计算机在数学上给予严格的形式化描述,证明了量子图灵机比经典概率图灵机在计算效率上更为强大。

随后,量子计算中最为瞩目的两个算法——Shor 算法和 Grover 算法相继被提出。Shor 在 1994 年提出了大数质因子分解的量子算法,其核心思想是将大数的质数分解变为求解函数的周期性问题,该算法极大地挑战了 RSA 公共密钥系统。1996 年,Grover 提出了搜索无序数据库的量子算法,该算法适合于解决从 N 个未排序的客体中寻找某个特定客体的问题,并且比经典算法有 $O(\sqrt{n})$ 的加速。这两篇重要文献开创了量子算法的先河,使量子计算机比经典计算机能够更快地解决问题。与此同时,Schumacher 证明了与 Shannon 的经典无噪声编码定理类似的量子无噪声编码定理,并在建立无噪声编码的过程中,定义了量子比特(Quantum bit),奠定了量子信息处理的基础。

3.1.1 量子计算特点

量子计算技术原理被引入传统的智能优化领域,融合了传统智能优化算法,从而形成了量子优化算法。众多仿真实验证明,此类方法可有效解决和弥补经典算法的很多缺陷,解决了曾经难以解决的问题,并且能够缩短运算时间、提高计算精确度。

传统智能优化算法的有效性在多种不同环境下已被证明,并得到了广泛的应用。不同种类的智能优化算法具有各自的优点和擅长的领域,但同时也暴露出自身存在的一些缺陷。将量子机制与智能算法相结合,融合量子计算原理而产生的量子衍生智能算法,有利于弥补传统算法的缺点,充分发挥各自效能,具有更多的现实意义和更高的理论价值。

3.1.2 与其他算法的比较

量子计算具有的并行处理能力、指数级存储容量,以及对经典算法的加速作用,拓宽了相关领域学者的视野,拥有宽广的应用前景。与经典智能算法相结合而产生的量子智能算法是量子计算的重要组成部分。由于融合了量子计算和传统智能计算各自的优点,其具有较高的理论价值和应用前景。

传统的启发式算法是在可接受的计算时间和空间下给出待解决优化问题的一个可行解,该可行解与最优解的偏离程度受到计算规模、迭代次数等条件的制约。传统的启发式算法存在一定的缺陷,如收敛速度慢和容易陷入局部最优。为了解决这些缺陷,研究者们提出了多种群、自适应、多种算法混合等辅助解决手段,但尚未从根本上解决问题。

量子计算的机理和特性为传统计算智能的研究另辟蹊径。多数传统智能算法通过结合量子理论的原理和概念,可以有效地加强计算速度和提高解的质量。目前,量子智能计算的概念才刚刚形成不久,其内涵在不断扩充,相继出现了各种得以应用的计算模型。在优化问题中,出现了多种新的模型和融合算法,举例如下。

Ajit Narayanan(1996)等学者首次将量子多宇宙状态的相关概念与遗传算法相结合,提出了量子衍生遗传算法。这种基于多宇宙状态运行机制与分隔的小生境遗传算法近似,即通过多个种群并行搜索能力,加大搜索范围,同时采用种群间的相关交叉操作,加快信息的流通,最后把这些分开的小种群搜索空间联合起来,从而快速提高算法在搜索空间上的效率。Kuk-Hyun Han(2000,2001)等学者将态矢量引入遗传算法,提出了遗传量子算法,通过量子旋转门进行染色体改变,从而生成新的个体,其给出的基因变化策略使得量子计算机的实现成为可能。Kuk-Hyun Han(2002,2006)提出用量子进化算法解决背包问题,采用量子比特作为个体最小信息单元,个体由量子比特串表示所有可能状态的线性叠加态,量子旋转门表示个体染色体演化,但其实质是一种概率演化算法,而未使用进化算法中的变异、交叉等概念,因此有时会陷入局部最优。张葛祥(2003)等学者提出了改进的量子遗传算法,其通过量子比特相位的更新与搜索空间自动调整策略,能够快速获取收敛问题的最优解,并在典型的函数优化问题中显现优越性。杨俊安(2003)等学者提出了多宇宙并行量子遗传算法,将种群中的个体依据拓扑结构分成若干独立的子种群,通过旋转角动态变化与量子旋转门生成新的个体,各个子种群间对最佳个体进行交叉操作以增强算法的适应性,提高搜索的空间效果。熊焰(2004)等学者提出了量子遗传算法,通过量子比特与量子旋转门产生新个体,实现在较短时间内搜索到问题的最优解。王凌(2005)等学者提出了混合量子算法,分别定义了基于二进制编码与实数编码的算法格式,验证了算法的参数与初始值的鲁棒性较好,实验仿真结果也较优。Moore(2005)等学者提出用量子粒子群算法解决逻辑电路中的优化组合问题,算法通过局部粒子群与量子优化组合,用多目标函数获得最少门电路的逻辑线路优化设计方案,实验结果表明,其比单纯的进化算法或粒子群算法效果优越。Mikki(2006)等学者通过实验验证了量子粒子群算法在电磁优化方面能够成功运用到线阵天线的优化问题。

3.2 量子计算逻辑体系

量子计算以量子搜索和量子优化算法为代表,其优于经典计算的根本在于充分利用了量子操作的并行性、量子态的叠加性和相干性,以及量子位之间的纠缠性等量子独有的性质,使量子算法从物理的构建、运算的过程方面显著区别于经典算法,从而达到超越经典算法的执行效率。本节对可能应用在量子计算中的部分量子基本原理加以描述，为后续章节提供必要的理论储备。

3.2.1 量子比特

在经典计算机科学理论中，比特（Bit）是最基本的信息单元，它用二进制的一个位来表示，只有"0"和"1"两种状态。对应于传统计算中"比特"，量子计算引入了"量子比特（qubit）"来描述量子线路的状态。量子比特是量子计算中基本的存储单元，用 Dirac 记号"|⟩"表示。一个标准量子比特可以表征为一个典型的双态系统，例如，一个氢原子中的电子有基态和第 1 激发态，质子有自旋向上分量和自旋向下分量，圆偏振光有左旋与右旋等，这些都可作为量子系统来实现量子比特。对于氢原子中的电子，电子的基态表示为 0，激发态表示为 1，可分别记为 $|0\rangle$ 和 $|1\rangle$。量子态 $|x\rangle$（x 可为 0 或者 1）是一个列向量，它的共轭转置用 $\langle x|$ 表示，是一个行向量。

区别于经典信息论，一个标准量子位除了可处于 $|0\rangle$ 和 $|1\rangle$ 状态外，还可处于 $|0\rangle$ 和 $|1\rangle$ 的任意线性组合——称为叠加态（superposition）。一个量子位的叠加态可用二维 Hilbert 空间的单位向量 $|\psi\rangle$ 表示：

$$|\psi\rangle = \alpha |0\rangle + \beta |1\rangle \tag{3.1}$$

其中，α、β 均是复数，称为量子态的概率幅，代表对量子比特进行测量时，$|\psi\rangle$ 以 $|\alpha|^2$ 的概率坍缩到 $|0\rangle$，以 $|\beta|^2$ 的概率坍缩到 $|1\rangle$，且 α、β 满足归一化条件：

$$|\alpha|^2 + |\beta|^2 = 1$$

当量子比特处于叠加态时，会同时处于 $|0\rangle$ 和 $|1\rangle$ 状态，只在测量时，才会立即坍缩为其中一个状态。这种反直觉的现象真实存在，并已被大量实验所证实。因此，一个量子比特所包含的信息要多于经典比特。

为了更直观地表示，有时将一个量子比特记为布洛赫（Bloch）球面上的一个点，表示为：

$$|\psi\rangle = e^{i\gamma}\left(\cos\frac{\theta}{2}|0\rangle + e^{i\varphi}\sin\frac{\theta}{2}|1\rangle\right) \tag{3.2}$$

其中，变量 γ、θ、φ 均为实数，如图 3.1 所示为量子比特在布洛赫球面上的表示。根据 $e^{i\gamma}$ 的实际测量效应，可将其进一步简化表达如下：

$$|\psi\rangle = \cos\frac{\theta}{2}|0\rangle + e^{i\varphi}\sin\frac{\theta}{2}|1\rangle \tag{3.3}$$

图 3.1 说明：与传统比特相比较，量子比特存在 0 态和 1 态之间的状态，这种状态可由从球心到球面上点的向量与 x 轴和 z 轴的夹角表示。

推广到更一般的情况，在一个具有 n 个量子比特的系统中，对于 $n(\geqslant 2)$ 个量子比特，则有基态 $|x_1 x_2 \cdots x_{n-1} x_n\rangle$，且其系统状态由 2^n 个幅度来决定。其叠加态 $|\psi\rangle$ 和基态的关系可表示为：

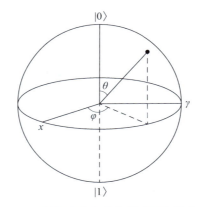

图 3.1　量子比特在布洛赫球面上的表示

$$|\psi\rangle = \sum_{k=1}^{n} C_k |x_k\rangle \tag{3.4}$$

其中，C_k 为 $|\psi\rangle$ 在收到观测测量时坍缩到基态 $|x_k\rangle$ 的概率幅，且满足归一化条件：

$$\sum_{k=1}^{n} |C_k|^2 = 1$$

3.2.2　量子门

在量子计算中，量子状态的变化可以用量子计算的语言来描述。在传统计算机中，连线用于在线路间传送信息，而逻辑门负责处理信息，把信息由一种形式转换为另一种形式。在量子计算中，通过对量子位的状态进行一系列的酉变换，可以实现某些逻辑功能，这些变换的作用相当于逻辑门的作用。因此，将在一定时间间隔内实现逻辑变换的量子装置称为量子逻辑门（quantum logic gate），简称量子门。量子门是在物理上实现量子计算的基础，包含了量子计算的特点。孤立量子体系的演化是幺正演化，在这种演化下，能保持所有的量子物理性质。量子态的可叠加性和孤立量子体系演化的幺正性是量子力学的核心。

量子操作是由一系列单量子位和双量子的量子门（即同时作用于一个或两个量子位的量子幺正操作）来完成。根据概率归一化条件要求，量子门变换矩阵必须是可逆的酉正矩阵，即必须满足 $UU^* = U^*U = I$，其中 U^* 是 U 的共轭转置矩阵。

量子门按照其作用的量子位，即量子比特（qubit）的数目，可分为一位门、两位门和多位门。常见的量子门包括：量子非门、受控非门、Hadamard 门、相位门、量子旋转门等。

1) 恒等操作

$$\boldsymbol{I} = |0\rangle\langle 0| + |1\rangle\langle 1| = \begin{bmatrix} 1 & 0 \\ 0 & 0 \end{bmatrix} + \begin{bmatrix} 0 & 0 \\ 0 & 1 \end{bmatrix} = \begin{bmatrix} 1 & 0 \\ 0 & 1 \end{bmatrix} \tag{3.5}$$

若表示为矩阵形式,则对应于经典计算中的单位阵 $I = \begin{bmatrix} 1 & 0 \\ 0 & 1 \end{bmatrix}$。

2) 量子非门(N 门)

非门是一位门,用来实现单个量子比特的基态与激发态之间的转换。

$$N = |0\rangle\langle 1| + |1\rangle\langle 0| = \begin{bmatrix} 0 & 1 \\ 0 & 0 \end{bmatrix} + \begin{bmatrix} 0 & 0 \\ 1 & 0 \end{bmatrix} = \begin{bmatrix} 1 & 0 \\ 0 & 1 \end{bmatrix} \tag{3.6}$$

可知,对于单个量子比特,量子非门可实现 $N|1\rangle = |0\rangle, N|0\rangle = |1\rangle$。

对于叠加态,同样可以进行状态反转:

$$N(\alpha|0\rangle + \beta|1\rangle) = \alpha|1\rangle + \beta|0\rangle \tag{3.7}$$

特别注意:非门矩阵既是幺正矩阵,又是厄米共轭矩阵。

3) 受控非门(CN 门)

受控非门是两位门,也是多量子比特逻辑门的原型,其量子线路示意图如图 3.2 所示。

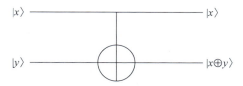

图 3.2　量子线路示意图

CN 门是作用在两个量子位上的逻辑门。被作用的量子位中,$|x\rangle$ 是控制位,$|y\rangle$ 是目标位。控制位在 CN 门作用后一直保持不变,只有目标位可能变。若控制量子位 $|x\rangle$ 处于基态 $|0\rangle$ 时,目标位量子位 $|y\rangle$ 受 CN 门作用后不改变;若控制量子位 $|x\rangle$ 处于激发态 $|1\rangle$ 时,目标位量子位 $|y\rangle$ 受作用后发生翻转。对应 CN 门的酉变换矩阵为

$$U = \begin{bmatrix} 1 & 0 & 0 & 0 \\ 0 & 1 & 0 & 0 \\ 0 & 0 & 0 & 1 \\ 0 & 0 & 1 & 0 \end{bmatrix} \tag{3.8}$$

4) Hadamard 门(H 门)

H 门是一位门,将一个单量子位变换为两个量子位的相干叠加,是最常用的量子门之一,可表示为:

$$H = \frac{1}{\sqrt{2}} \begin{bmatrix} 1 & 1 \\ 1 & -1 \end{bmatrix} \tag{3.9}$$

其作用是将一个单量子位转变为两个量子位的相干叠加:

$$H|0\rangle = \frac{1}{\sqrt{2}}(|0\rangle + |1\rangle)$$

$$H|1\rangle = \frac{1}{\sqrt{2}}(|0\rangle - |1\rangle)$$

如图 3.3 所示,$H|0\rangle$ 相当于将 $|0\rangle$ 的状态顺时针方向旋转 $45°$,$H|1\rangle$ 相当于将 $|1\rangle$ 态逆时针方向旋转 $135°$。

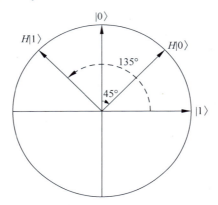

图 3.3 $H|0\rangle$ 和 $H|1\rangle$ 的图示

若将 H 门分别作用于 n 个 $|0\rangle$ 态量子比特,则有

$$H^{\otimes n}|0\rangle^{\otimes n} = \frac{1}{\sqrt{2^n}}(\underbrace{|00\cdots 0\rangle}_{n} + \underbrace{|00\cdots 1\rangle}_{n} + \cdots \underbrace{|11\cdots 1\rangle}_{n}) = \frac{1}{\sqrt{2}}\sum_{x=0}^{2^n-1}|x\rangle \quad (3.10)$$

式(3.10)中,$\otimes$ 表示张量积,这里意味着它是 n 维量子比特元素的所有线性组合。可得到 2^n-1 个均匀概率幅叠加态,该性质在量子计算中具有重要意义。

5) 相位门

相位是量子力学中的一个重要概念,很多量子位操作,如量子位旋转,都是通过量子相位改变实现的。相位门属于单个量子位的量子逻辑门,其对应的酉变换矩阵为:

$$\boldsymbol{S} = \begin{bmatrix} 1 & 0 \\ 0 & i \end{bmatrix}$$

6) 量子旋转门

量子旋转门用作对单个量子位进行相位旋转操作,尤其是在智能优化算法中为实现量子个体变异,应用非常广泛。其对应的酉变换阵为:

$$\boldsymbol{U}(\theta) = \begin{bmatrix} \cos\theta & -\sin\theta \\ \sin\theta & \cos\theta \end{bmatrix}$$

3.2.3 向量空间

向量空间是三维空间概念的直接推广,是具有代数结构的数学对象,已经成为人们研究客观世界必不可少的工具。由于微观粒子的运动在一定的时空中进行,为了更好地描述和分析它的运动状态,因此需要在向量空间内讨论量子力学问题。

1. 基与线性无关性

在向量空间中,若存在一组向量 $|v_1\rangle, |v_2\rangle, \cdots, |v_n\rangle$,使向量空间中的任意向量 $|v\rangle$ 都能表示成该组中向量的线性组合 $|v\rangle = \sum_i a_i |v_i\rangle$,则称该组向量为向量空间的一个生成集。对于一组非零向量 $|v_1\rangle, |v_2\rangle, \cdots, |v_n\rangle$,若存在一组不全为零的复数 $a_1, a_2, \cdots, a_n$,满足 $a_1|v_1\rangle + a_2|v_2\rangle + \cdots + a_n|v_n\rangle = 0$,则称该组向量是线性相关的,否则线性无关。若一个线性无关的向量组是向量空间 C 的一个生成集,则称该向量组为 C 的一个基。基包含的向量数量称为向量空间的维数。

2. 线性算子与矩阵

在向量空间中研究量子力学问题时,需要在两个向量空间之间进行线性变换,即要在两个向量空间定义线性算子。线性算子在通常情况下可以表示为一个矩阵,对于线性空间不同的基,同样的线性算子具有不同的矩阵表示,但这些矩阵是相似的。

对于任意输入是线性的函数 $A: V \to W$,若满足

$$A\left(\sum_i a_i |\phi_i\rangle\right) = \sum_i a_i A |\phi_i\rangle \tag{3.11}$$

则称函数 A 为向量空间 V 和 W 之间的线性算子,$|\phi\rangle$ 表示空间中的向量。

设 V, W, X 是向量空间,$A: V \to W$ 和 $B: W \to X$ 是线性算子,用记号 BA 表示 B 和 A 的复合,定义为 $(BA)(|v\rangle) \equiv B(A(|v\rangle))$。$(BA)(|v\rangle)$ 可简记为 $BA(|v\rangle)$。

若矩阵 A 是线性算子,则必有 $A\left(\sum_i a_i |\phi\rangle\right) = \sum_i a_i A |\phi\rangle$;反之,若算子 $A: V \to W$ 是向量空间 V 和 W 之间的线性算子,设 $|v_1\rangle, |v_2\rangle, \cdots, |v_m\rangle$ 是 V 的一个基,而 $|w_1\rangle, |w_2\rangle, \cdots, |w_n\rangle$ 是 W 的一个基,于是对于 $1, 2, \cdots, m$ 中的每个 j,存在复数 A_{1j} 到 A_{nj},使 $A|v_j\rangle = \sum_i A_{ij} |w_i\rangle$ 具有元素 A_{1j} 的矩阵就是线性算子 A 的矩阵表示,故线性算子与矩阵是完全等价的。

3. 内积、外积与张量积

1) 内积

若 $|v\rangle = [a_1, a_2, \cdots, a_n]^T$,$|w\rangle = [b_1, b_2, \cdots, b_n]^T$ 为 n 维空间的两个向量,则

$$\langle v | w \rangle = [a_1, a_2, \cdots, a_n][b_1, b_2, \cdots, b_n]^T = \sum_{i=1}^n a_i \bar{b}_i \tag{3.12}$$

称为定义在向量空间上的一个内积,其中 T 表示共轭转置。定义了内积的空间称为内积空间。如果两向量的内积为零,则称它们相互垂直;$|v\rangle$ 的范数定义为 $\||v\rangle\| = \sqrt{\langle v|v\rangle}$,如果 $\||v\rangle\| = 1$,则称 $|v\rangle$ 为单位向量;两向量 $|v\rangle$ 与 $|w\rangle$ 的夹角为

$$\cos\theta = \frac{\langle v|w\rangle}{\|v\| \|w\|} \tag{3.13}$$

2) 外积

若 $|v\rangle = [a_1, a_2, \cdots, a_n]^T$,$|w\rangle = [b_1, b_2, \cdots, b_n]^T$ 为 n 维空间的两个向量,则

$$|v\rangle\langle w| = [a_1, a_2, \cdots, a_n]^T [b_1, b_2, \cdots, b_n] \tag{3.14}$$

称为定义在向量空间上的一个外积。因此,外积的结果是一个矩阵,即一个线性算子。

3) 张量积

设 V 与 M 分别为 m 和 n 维的 Hilbert 空间,则称 mn 维向量空间 $V \otimes W$ 为 V 与 W 的张量积,称 $V \otimes W$ 的元素为 V 的元素 $|v\rangle$ 与 W 的元素 $|w\rangle$ 的张量积 $|v\rangle \otimes |w\rangle$ 的元素的线性组合。矩阵 $\boldsymbol{A}_{m \times n}$ 与 $\boldsymbol{B}_{p \times q}$ 的张量积定义为

$$\boldsymbol{A} \otimes \boldsymbol{B} = \begin{bmatrix} A_{11}B & A_{12}B & \cdots & A_{1n}B \\ A_{21}B & A_{22}B & \cdots & A_{2n}B \\ \cdots & \cdots & \cdots & \cdots \\ A_{m1}B & A_{m2}B & \cdots & A_{mn}B \end{bmatrix}_{mp \times nq} \tag{3.15}$$

3.2.4 量子理论假设

20 世纪以来,量子力学学术体系在多位物理学家的不懈努力下得以建立,其中 Neumann 系统地总结了量子力学的几个基本假设,成为量子计算研究的重要前提条件。

1. 状态空间假设

量子力学的第一条假设规范了量子力学的适用场合,即线性代数中熟知的 Hilbert 空间。

假设 1 任何一个孤立物理系统都有一个称为系统状态空间的复内积向量空间(即 Hilbert 空间)与之相联系,系统完全由状态向量描述,这个向量是系统状态空间的一个单位向量。

例如,一个量子比特对应的是一个二维的 Hilbert 空间。其中状态向量 $|0\rangle$ 和 $|1\rangle$ 构成了二维状态空间的一组标准正交基。因此,一个量子比特也是最基本的一个量子力学系统。

2. 薛定谔方程

第二个假设是关于量子力学系统的状态 $|\psi\rangle$ 是如何随时间演化的问题。

假设 2 一个封闭量子系统的演化可由一个酉变换来刻画。

例如,系统在时刻 t_1 的状态 $|\psi\rangle$ 和系统在时刻 t_2 的状态 $|\psi'\rangle$ 可以通过一个仅依赖于时间 t_1 和 t_2 的酉算子 U 相联系:

$$|\psi'\rangle = U|\psi\rangle$$

在该假设中,有两点需要注意。①其未明确什么样的酉算子描述了现实中的量子状态演化,而只是确保任意封闭的量子系统,其演化均可以如此描述。②假设所描述的系统是封闭的,与其他系统没有任何相互作用的理想情况,而现实中所有系统都在某种程度上与别的系统有相互作用。但可以近似描述为封闭的系统是存在的,且可用酉演化进行近似描述。

作为该假设的一个细化版本,以下用薛定谔方程描述量子系统在连续时间上的演化:

$$i\hbar \frac{\mathrm{d}|\psi\rangle}{\mathrm{d}t} = H|\psi\rangle$$

该方程中,$\hbar$ 称为 Planck 常数,其值必须由实验确定。实际应用中,常把因子 $\hbar$ 的值放入 H 中,若置 $\hbar=1$,则 H 是一个称为封闭系统 Hamilton 量的固定 Hermite 算子。

3. 量子测量假设

根据假设 2,任何封闭系统按酉算子演化,尽管系统演化可以不与外界其他部分相互作用,但在某些时刻,实验者要运用实验设备观察系统,以了解系统内部情况。这将使系统不再封闭,即不再服从酉演化。为解释测量对系统的影响,引入假设 3,以便为量子系统的测量提供途径。

假设 3 量子测量由一组测量算子 $\{M_m\}$ 描述,这些算子作用在被测系统状态空间上,指标 m 表示实验中可能的测量结果。若在测量前量子系统的最新状态是 $|\psi\rangle$,则结果 m 发生的概率由

$$p(m) = \langle \psi | M_m^+ M_m | \psi \rangle$$

给出,其中 M_m^+ 为 M_m 的共轭转置矩阵。且测量后的系统状态为:

$$\frac{M_m|\psi\rangle}{\sqrt{\langle\psi|M_m^+ M_m|\psi\rangle}}$$

观测是外界对量子系统的影响,观测的结果来自算子 M,M 的投影作用使量子系统坍缩到一个具体子空间上。

4. 复合系统假设

当量子系统由两个或两个以上不同物理系统组成时,复合系统的状态可基于

假设 4 进行描述。

假设 4 符合物理系统的状态空间是分物理系统状态空间的张量积。若第 i 个分系统的状态为 $|\psi_i\rangle(i=1,2,\cdots,n)$，则由这些分系统组成的复合系统的总状态为：

$$|\psi\rangle=|\psi_1\rangle\otimes|\psi_2\rangle\otimes\cdots\otimes|\psi_n\rangle \tag{3.16}$$

式中，$\otimes$ 表示分物理系统状态空间的张量积。该假设给出了复合量子物理系统如何根据不同的量子子系统的状态向量张成向量空间，对量子纠缠概念定义也有重要作用。当一个系统不能被表示为各个子系统的张量积时，该状态称为纠缠状态。

3.2.5 量子纠缠

量子计算的另一个重要机制是量子纠缠态，这是一种违背传统直觉的现象。对于发生相互作用的两个子系统中所存在的一些态，若不能表示成两个子系统态的张量积，这样的态就称为纠缠态。对处于纠缠态的量子位中的某几位进行操作，不仅会改变这些量子位的状态，还会改变与它们相纠缠的其他量子位的状态。因此，当对制备的纠缠态的量子位进行观测得到确定状态后，同时与其相纠缠的量子位的状态也随之明确，这种特性在量子密码学、量子通信（如防窃听、防抵赖）等领域具有重要作用。

纠缠态至少需要两个量子态进行叠加，纠缠的程度取决于纠缠度的大小，既有各个子系统部分纠缠，又有全部纠缠。例如 Bell 态（有时也称为 EPR 态），就是完全纠缠态：

$$\begin{aligned}
|\beta_{00}\rangle &= \frac{|00\rangle+|11\rangle}{\sqrt{2}} \\
|\beta_{01}\rangle &= \frac{|01\rangle+|10\rangle}{\sqrt{2}} \\
|\beta_{10}\rangle &= \frac{|00\rangle-|11\rangle}{\sqrt{2}} \\
|\beta_{11}\rangle &= \frac{|01\rangle-|10\rangle}{\sqrt{2}}
\end{aligned} \tag{3.17}$$

为方便记忆，式(3.17)也可表示为式(3.18)。

$$|\beta_{xy}\rangle = \frac{|0,y\rangle-(-1)^x|1,\bar{y}\rangle}{\sqrt{2}} \tag{3.18}$$

其中，$\bar{y}$ 表示 y 的非。

3.2.6 量子计算特性

相对于经典算法而言，量子算法最本质的特征是量子态的叠加性、相干性，以及量子比特之间的纠缠性,其经典算法最本质的区别在于其有量子并行性。量子计算在速度上较经典计算有了指数级的提高。

1. 量子的叠加性

量子信息中的量子态与经典信息中使用的经典物理态有不同。可以说,经典物理态是量子态的一个子集,是量子态的一类特例。对于经典物理态的测量,其结果通常是确定的;而对量子态的测量并不一定完全确定,即可能是某一些测量结果的概率分布。其原因在于:量子态可以是测量算符的一些本征态的叠加。即如果$|\psi_1(t)\rangle,|\psi_2(t)\rangle,\cdots,|\psi_n(t)\rangle$是量子系统的可能态,那么其任意线性叠加态$|\psi(t)\rangle=\sum_{i=1}^{n}c_i|\psi_i(t)\rangle$也是系统的一个可能态。

2. 量子状态的相干性

如果一个系统处于其基态的线性叠加中,则称此量子系统是相干的,量子计算的一个主要原理在于使构成叠加态的各个基态通过量子门的作用发生干涉,从而改变它们之间的相对相位。假设一个叠加态为$|\psi\rangle=\frac{2}{\sqrt{5}}|0\rangle+\frac{1}{\sqrt{5}}|1\rangle$,量子门$U=\frac{1}{\sqrt{2}}\begin{bmatrix}1&1\\1&-1\end{bmatrix}$作用在$|\psi\rangle$上,则作用的结果是$|\psi\rangle=\frac{3}{\sqrt{10}}|0\rangle+\frac{1}{\sqrt{10}}|1\rangle$。可以看到,基态$|0\rangle$的概率幅增大,而基态$|1\rangle$的概率幅减小。

"退相干过程"是对应于"相干过程"的概念。当一个相干的系统与其周围环境发生相互作用(如测量)时,其线性叠加就会消失,具体坍缩到某个基态$|\psi_i\rangle$的概率由$|c_i|^2$(叠加态中基态$|\psi_i\rangle$前的系数c_i的平方)决定,如果$|c_i|^2$对上例中的$|\psi\rangle$进行测量,其坍缩到$|0\rangle$的概率为0.9,这个过程就是典型的退相干过程。

3. 量子纠缠态

量子态的纠缠是量子系统内各子系统或各自由度之间关联的属性,其运行规律违背了传统的直觉。量子纠缠状态是量子信息理论中特有的概念,尽管处于纠缠的两个或多个量子系统之间不存在实际物质上的联系,但不同的量子位却会因为纠缠而彼此影响。

纠缠态在量子计算与量子信息中扮演关键角色,在Shor算法中得到量子傅里叶变换所需要的状态时,就用到了这一经典量子力学特性。量子计算能够充分实现,也是利用了量子态的纠缠特性。

4. 量子并行性

量子并行计算的能力来自量子态的可叠加性,它是量子信息理论应用的一个重要分支。量子计算机对每个叠加分量实现的变换相当于一种经典计算,所有这些经典计算同时完成,并按一定的概率振幅叠加起来,最终给出量子计算机的输出结果,以这种方式实现的信息处理称为量子并行处理。

由于量子门的线性约束,量子门对 Hilbert 空间中量子状态产生的作用也将同时作用于所有基态,对应到 n 位量子计算机模型中,相当于同时对 2^n 个数进行运算,而任何经典计算机为了完成相同的任务须重复 2^n 次相同的计算,或者使用 2^n 个不同的并行工作的处理器,这就是量子并行性。量子并行处理极大提高了量子计算机的效率,使其可以完成经典计算机难以完成的工作。量子计算机利用量子信息的叠加和纠缠的性质,在使用相同时间和存储量的计算资源时提供了巨大增益。

3.3 量子计算的内涵及外延

3.3.1 量子计算原理

量子计算机可抽象为量子力学系统,量子计算过程则是量子力学系统中量子态的演化过程。在量子力学中,量子计算关系最密切的两个特性是叠加态与纠缠态,利用这些特性进行量子计算时,需要借助量子逻辑门进行。

1. 量子纠缠态

1935 年薛定谔首先给出了纠缠态的定义:由空间分离的两个子系统构成的纯态,如果系统波函数不能分解为两个系统波函数的乘积,那么这样的波函数表示的态称为两个粒子的纠缠量子态。纠缠态也可理解为:在一个量子计算系统中,如果若干量子位的态能表示成自状态的张量积,则称这些态处于纠缠态。例如:

$$|\psi\rangle = \frac{1}{\sqrt{2}}|00\rangle + \frac{1}{\sqrt{2}}|11\rangle$$

式中的两个量子位无法写成张量积的形式,因此是一个纠缠态。

$$|\psi\rangle = \frac{1}{\sqrt{2}}|10\rangle + \frac{1}{\sqrt{2}}|11\rangle \tag{3.19}$$

由于式中的量子态可以表示为 $\frac{1}{\sqrt{2}}|1\rangle \otimes |01\rangle$,因此不是纠缠态。

当多个量子态处于纠缠态时,对部分量子态的测量将影响到其他量子位的状态。因此,量子纠缠是一种有用的信息资源,在量子超密编码、量子密钥分配、量子隐态传输等方面起着重要作用。

2. 量子逻辑门

在量子计算中,对量子比特进行态变换,可以实现某些逻辑功能。变换所起的作用相当于传统计算机中逻辑门所起的作用,在一定时间间隔内实现逻辑变换的量子装置称为量子逻辑门。量子门是在物理上实现量子计算的基础。量子逻辑门

在量子计算中是一系列的酉变换,量子位的态经过酉变换后仍然保持归一化条件,即量子位的态$|\psi\rangle$是 Hilbert 空间中的单位向量,酉变换使得$|\psi\rangle$在 Hilbert 空间内转动,但依然保持归一化条件。由于酉变换为可逆变换,因此,量子逻辑门也具有可逆性。

Hadamard 门是最常用的量子门之一,它的矩阵表示为:

$$H = \frac{1}{\sqrt{2}}\begin{bmatrix} 1 & 1 \\ 1 & -1 \end{bmatrix} \tag{3.20}$$

对量子态进行 Hadamard 变换,可以得到相应的叠加态,例如:

$$H|0\rangle = \frac{1}{\sqrt{2}}(|0\rangle + |1\rangle)$$

$$H|1\rangle = \frac{1}{\sqrt{2}}(|0\rangle - |1\rangle)$$

如果对有两个量子位的态进行 Hadamard 变换,则可得到两个量子位四个基态的叠加

$$(H \otimes H)|00\rangle = \frac{1}{2}(|00\rangle + |01\rangle + |10\rangle + |11\rangle) \tag{3.21}$$

其中,$\otimes$ 表示向量空间的张量积,同理,对 n 个量子位的量子态进行 Hadamard 变换,则可以产生 2^n 个基态的叠加。对一个处于叠加态的$|x\rangle$进行酉变换时,可以产生所有 x 的$|U(x)\rangle$(U 为变换所用的酉算子)。这一特性在量子计算中称为量子并行性,它能够提高计算效率。量子计算机虽然可以通过一次操作产生 2^n 个结果,但由于其进行量子测量时,量子态会坍缩到某个量子基态,因此一次操作只能获得一个结果。

3.3.2 基于量子理论的优化算法原理

1. 量子粒子群算法

1) 概述

群体智能算法源于非智能主体通过相互之间(或与环境之间)的交互作用表现出来,是以集体智能行为作为基础的一类求解方法。其中,粒子群算法(Particle Swarm Optimization,PSO)是最具代表性的算法之一。

PSO 源于对鸟群、鱼群等生物群体觅食行为的模拟,通过个体间的合作竞争产生的群体引导优化和搜索。自 PSO 算法提出后,由于其收敛速度快、结构易实现性,引起了国内外相关领域学者的广泛关注和兴趣。在经典 PSO 算法中,粒子的收敛以轨道的形式实现,并且由于粒子的速度有限,在搜索过程中,粒子每个迭代的搜索空间是一个有限的区域,不能覆盖整个可行域空间,因此 PSO 算法不能称为全局收敛的算法。另外,算法采取的速度和位置的进化模型降低了群体的随

机性和智能性;同时,算法性能对速度上限的依赖使其鲁棒性降低。

量子粒子群算法(Quantum-behaved Particle Swarm Optimization,QPSO)应用量子力学中"势阱"的模型,使量子空间中粒子的运动受某种吸引势的束缚态来描述。处于该量子束缚态的粒子可以以一定的概率密度出现在空间任意一点,这可以让满足聚集态性质的粒子能在整个可行域空间中进行搜索,从而保证算法的全局收敛性。该算法与PSO有本质的不同:QPSO是一种新型的具有量子行为的优秀群体寻优算法,具有进化方程简单、控制参数少、收敛速度快、运算量少等特点,其在函数优化、神经网络、模式识别、模糊控制等科学领域已被证明具备一定的有效性和可靠性。

2) 算法基本原理

由于在量子空间中,粒子的移动没有确定的轨迹,其速度和位置不能同时确定,因此粒子的状态由波函数 $\psi(\boldsymbol{X},t)$ 来具体描述,其中,$\boldsymbol{X}=(x,y,z)$ 是粒子在三维空间的位置向量。

波函数的物理意义是:波函数模的平方就是该粒子在空间上某一点出现的概率密度,此概率密度函数同时满足归一化条件:

$$\int_{-\infty}^{+\infty} |\psi|^2 \mathrm{d}x\mathrm{d}y\mathrm{d}z = \int_{-\infty}^{+\infty} Q\mathrm{d}x\mathrm{d}y\mathrm{d}z = 1 \tag{3.22}$$

在量子空间,粒子的运动满足薛定谔方程。通过求解薛定谔方程可以得到在以 p 点为中心的一维势阱中,δ 粒子在某一点出现的概率密度函数:

$$Q(Y) = |\psi(Y)|^2 = \frac{1}{L}\mathrm{e}^{-2|Y|/L} \tag{3.23}$$

其中,$Y = X - p$,$L = \dfrac{\hbar^2}{m\gamma}$ 是 δ 势阱的特征长度,$\hbar$ 是普朗克常数,m 是粒子的质量。

通过上式可得到粒子的状态信息。但粒子的具体位置信息还需通过计算粒子的位置来获取,这一过程称为由量子状态到经典状态的坍缩。通过蒙特卡洛随机模拟的方式即可得到测量粒子的位置方程:

$$X = p \pm \frac{L}{2}\ln\left(\frac{1}{u}\right) \tag{3.24}$$

其中,u 是区间(0,1)内均匀分布的随机数,即 $u \in U(0,1)$。

QPSO原理和进化过程可描述为:设粒子的种群规模为 N,迭代进程为第 t 步,粒子在 D 维空间中运动,该粒子在第 d 维的 δ 势阱为 $p_{id}(t)$,粒子 $x(t)$ 的更新方程可描述如下:

$$x_{id}(t+1) = p_{id}(t) \pm \beta |C_d(t) - x_{id}(t)| \ln\left(\frac{1}{u_{id}(t)}\right)$$

$$p_{id}(t) = \varphi(t) \cdot p_{id}(t) + (1-\varphi(t)) \cdot G_d(t)$$

$$C(t)=(C_1(t),C_2(t),\cdots,C_D(t))=\frac{1}{N}\sum_{i=1}^{N}P_i(t)$$

$$=\left(\frac{1}{N}\sum_{i=1}^{N}P_{i1}(t),\frac{1}{N}\sum_{i=1}^{N}P_{i2}(t),\cdots,\frac{1}{N}\sum_{i=1}^{N}P_{iD}(t)\right)$$

式中，$p_i(t)$ 表示粒子的当前最优位置，$G(t)$ 和 $C(t)$ 表示种群的全局最优位置和平均最优位置；$\varphi(t)$ 和 $u(t)$ 表示 $[0,1]$ 区间上均匀分布的随机数；β 表示收缩扩张因子和 QPSO 唯一控制参数。常见的 β 选取方法主要有固定值、线性取值和非线性取值法。一般采取线性取值的办法，并且保证 β 表示如式(3.25)。

$$\beta=(1.0-0.5)\cdot\frac{t_{\max}-t}{t_{\max}}+0.5 \qquad (3.25)$$

粒子的 $p_i(t)$ 和 $G(t)$ 的更新方式与其他智能算法类似，即采取下式所示的策略：

$$p_i(t+1)=\begin{cases}x_i(t+1) & f[x_i(t+1)]\leqslant f[P_i(t)]\\ P_i(t) & f[x_i(t+1)]>f[P_i(t)]\end{cases} \qquad (3.26)$$

$$G(t+1)=\arg\min_{1\leqslant i\leqslant N}\{f[P_i(t)]\} \qquad (3.27)$$

标准 QPSO 的执行过程如下：

步骤 1：初始化粒子群中各粒子的位置；

步骤 2：计算粒子群的平均最优位置；

步骤 3：计算粒子当前适应度值，并与前一次迭代适应度值比较，如果当前适应度值小于前一次迭代结果的适应度值，则根据粒子的位置更新为粒子当前位置；

步骤 4：计算群体当前的全局最优位置；

步骤 5：比较当前全局最优值与前一次迭代的全局最优值，如果当前全局最优值位置更好，则更新全局最优值；

步骤 6：更新群体中各粒子的位置；

步骤 7：若满足停机条件，输出当前全局最优位置，算法结束，否则跳转回步骤 2。

QPSO 算法流程图如图 3.4 所示。

QPSO 从量子动力学运动方程出发，通过蒙特卡洛逆变换法定格某时刻粒子的具体位置，整个推导过程符合量子系统演化规律；又经过较严格的数学证明，给出了 QPSO 收敛的充分必要条件，以及在此基础上控制参数所需遵守的约束条件。因此，QPSO 具备了在量子领域实际应用所需的潜质和条件。

2．量子蚁群算法

1) 概述

生物群体性智能算法的另一个典型代表是蚁群算法（Ant Colony Optimization，

图 3.4　QPSO 算法流程图

ACO)。蚁群算法由意大利 Dorigo 等学者于 1991 年在研究蚂蚁群体觅食行为的基础上提出。经过 20 多年的发展,其算法模型构造比较成熟和完善,具有鲁棒性较强、正反馈、分布式计算、易与其他算法结合等特点。它在离散组合优化领域中得到了广泛应用,是除遗传算法、粒子群算法之外的另一种优秀仿生优化搜索算法,并已成为最有效的优化手段之一。基本蚁群算法自诞生后,在解决旅行商问题、作业调度问题等方面显现出相对于其他仿生类算法较明显的优势,尤其是该算法易于与其他方法结合的特性,以及自身具有的强鲁棒性。然而,蚁群算法由于其自身结构特点,存在固有的缺点。一方面,算法的参数选择对最终结果的影响大,无法通过对其推导得出参数普适的取值范围,因此对蚁群参数的设置更多建立在使用者经验的基础上,这容易导致算法出现搜索时间过长、停滞的问题。另一方面,当求解问题规模扩大时,算法的性能急剧下降,难以得到比较理想的优化结果。

量子蚁群算法(Quantum Ant Colony Algorithm,QACA)是蚁群算法与量子计算机制相结合的产物。量子蚁群算法的研究相对较晚,但已有学者研究表明:将量子蚁群算法应用于组合优化问题,其性能将远优于传统蚁群算法。

由于蚁群算法数学模型的提出是基于 TSP 问题的求解,因此将蚁群算法用于函数优化需要对其进行一定程度的改进。常见的做法是将优化空间离散化,例如优化空间的网格化,将自变量在网格内所取得的随机值作为蚂蚁移动的顶点,这样既没有改变算法结构,又易于得到较好的优化结果。但是,对于连续空间的优化问题,尤其是高维连续空间的优化问题,这种离散化的处理方法略显适应性不强,同时还存在求解精度不高的问题。常用的改进策略是将蚂蚁随机分布在空间中各点,以确定步长或变步长为半径,随机在领域空间搜索更优的值;也可以将蚁群算法的概率选择原理与进化算法相结合,利用遗传算法善于高精度搜索的特点,提高蚁群算法在连续空间优化的搜索精度。

2) 算法基本原理

① 蚂蚁编码方案。

在 QACA 中,定义蚂蚁携带的量子位反映的是节点信息强度。采用量子概率幅编码,其量子位信息可表示为:

$$p_i = \begin{pmatrix} \alpha_{i1} & \alpha_{i2} & \cdots & \alpha_{in} \\ \beta_{i1} & \beta_{i2} & \cdots & \beta_{in} \end{pmatrix} \quad (i = 1 \sim m) \tag{3.28}$$

其中,m 表示蚂蚁数量,n 表示 TSP 问题的节点数。α_{ij}、β_{ij} 初始化为 $\pm 1/\sqrt{2}$。

② 位置移动策略。

设 $\tau_{ij}(t)$ 表示第 k 只蚂蚁在 t 时刻连接位置 i 和 j 的路径上残留的信息素强度;在初始时刻,各路径上的信息量相等,即设 $\tau_{ij}(0)=C$,C 表示一个常数。η_{ij} 表示 i 和 j 路径的启发信息,启发信息根据待优化问题的要求给定,一般取 $\eta_{ij} = 1/d_{ij}$。

蚂蚁按照以下规则实现移动:

$$x_i = \begin{cases} \arg\max\{\tau_{ij}^\alpha(t) \eta_{ij}^\beta(t) \cdot |1/\alpha_{ij}(t)|^2\}, & q \leqslant q_0 \\ x_i, & q \leqslant q_0 \end{cases} \tag{3.29}$$

其中,q 表示[0,1]区间内的一个随机数,q_0 表示[0,1]区间中的一个变量。当 $q > q_0$ 时,x_i 的选择由转移概率公式决定:

$$P_{ij}^k(t) = \begin{cases} \dfrac{\tau_{ij}^\alpha(t) \eta_{ij}^\beta(t) \cdot |1/\alpha_{ij}(t)|^2}{\sum\limits_{j \in \text{Allowed}_k} \tau_{ij}^\alpha(t) \eta_{ij}^\beta(t) \cdot |1/\alpha_{ij}(t)|^2}, & j \in \text{Allowed}_k \\ 0 & \text{otherwise} \end{cases} \tag{3.30}$$

式中,α 表示信息启发因子,反映了轨迹的相对重要性,显现出蚂蚁在运动过程中所积累的信息素在其运动时所起的作用,值越大,蚂蚁越倾向于选择其他蚂蚁选择的路径,则蚂蚁间的协作性越强。β 表示期望启发式因子,反映了期望值的相对重要性,显现出蚂蚁在运动过程中启发信息在其选择路径中的受重视程度,值越大,则该状态转移概率越接近贪婪规则。Allowed_k 表示访问禁忌表,反映了蚂蚁 k 允许选择的下一个位置。为了避免对同一个节点位置多次访问,人工蚁群算法规定每只蚂蚁都保存一个用于存储已经访问过的节点列表,列表随进化进程动态调整。可知,蚂蚁的移动与 q_0 的选择也有较大关系。

在算法执行的初期,希望蚁群能够散布于各节点探索最优解,随着寻优进程的开展,有效信息素不断累积,蚁群越来越集中在最优路线附近,且仅在最优路线附近探索。因此,在算法初期 q_0 应取较小值,保证蚂蚁对各个节点的遍历;在算法中后期,q_0 应适当取较大值,使蚂蚁集中在最优路线附近搜索。修改 q_0 的取值如式(3.31)所示。

$$q_0 = q_1 + (q_2 - q_1) \cdot \frac{n-1}{n_{\max}} \quad q_0 \in [q_1, q_2] \tag{3.31}$$

式中,$n_{\max}$ 表示算法最大迭代次数,n 表示当前迭代次数。q_1、q_2 表示 q_0 取值的初始值和最大值。

同理,对于信息启发因子 α,希望改变 α 的值,使算法在初期减弱正反馈作用,保证算法的便利性。随着算法的进行,逐渐增强正反馈作用,加速蚁群收敛。因此,可逐渐增大 α 的取值,以达到预期效果,如式(3.32)所示。

$$\alpha = \begin{cases} k \cdot \alpha_0 & \alpha < \alpha_{\max} \\ \alpha_{\max} & \text{其他} \end{cases} \tag{3.32}$$

其中,α_0、$\alpha_{\max}$ 表示启发因子设定的初始值和最大值,k 表示递增系数。

③ 信息素更新策略。

信息素强度更新思想是把反映蚂蚁当前位置优劣程度的适应度因素融合到信息素的更新中,使位置越好的信息素强度越高。信息素的更新分为蚂蚁个体信息素的局部更新和蚁群信息素的全局更新。每只蚂蚁在一次遍历结束后,先按照下式进行个体信息素的局部更新。

$$\tau(t+1) = (1-\rho_1)\tau(t) + \rho_1 \Delta\tau_{ij} \tag{3.33}$$

$$\Delta\tau_{ij} = \sum_{k=1}^{m} \Delta\tau_{ij}^k, \quad \Delta\tau_{ij}^k = \frac{Q \mid 1/\alpha_{ij}(t) \mid^2}{L_k} \tag{3.34}$$

式中,n 表示总节点数,L_k 表示第 k 只蚂蚁在本次循环中所走路径的总长度。

当所有的蚂蚁对节点完成遍历后,再进行信息素的全局更新。只有当前路径最短的蚂蚁能够在它经过的路径上留下信息素,信息素更新的规则如下:

$$\tau(t+1) = \begin{cases} (1-\rho_2)\tau(t) + \rho_2 \Delta\tau_{ij} & (i,j) \in \text{最佳路线} \\ (1-\rho_2)\tau(t) & \text{其他} \end{cases} \tag{3.35}$$

$$\Delta\tau_{ij} = \frac{\mid 1/\alpha_{ij}(t) \mid^2}{L_{\text{gbest}}} \tag{3.36}$$

其中,ρ_1 表示局部信息素挥发系数,ρ_2 表示全局信息素挥发系数,L_{gbest} 表示当前最优路径长度。

为了防止因最佳与最差路径信息素差距急剧增大而引起的搜索停滞,借鉴 MMAS 原理,将每条边的信息素限定在 $[\tau_{\min},\tau_{\max}]$ 内,即当 $\tau_{ij}<\tau_{\min}$ 时,$\tau_{ij}=\tau_{\min}$;当 $\tau_{ij}>\tau_{\min}$ 时,$\tau_{ij}=\tau_{\max}$。

④ 量子信息强度更新策略。

通过量子旋转门实现量子信息强度的更新,用量子旋转门算子改变代表节点量子信息强度的量子位概率幅,推动量子个体向最优解方向演化。本节算法蚂蚁的移动策略为:θ 表示通过概率选择公式选取的目标节点的量子比特相位,θ 表示当前位置蚂蚁的量子比特相位,令

$$A = \begin{vmatrix} \cos\theta & \cos\theta \\ \sin\theta & \sin\theta \end{vmatrix}$$

量子旋转门的转角 $\Delta\theta$ 规定为:

$$\Delta\theta = -\sin(A) \cdot \varepsilon\pi \cdot c \cdot e^{-\frac{k-m}{k} \cdot \frac{t}{t_{\max}}} \quad (3.37)$$

当 $A=0$ 时,旋转门方向取正负均可。其中,ε 表示步长因子,一般取 $\varepsilon \in [0.01, 0.15]$;$c$ 表示混沌变量,保证了探索空间的随机性;k 表示蚂蚁的亲和度由高到低排列的序号;t 表示当前迭代次数,$t_{\max}$ 表示算法规定的最大迭代次数。

求解 TSP 问题的 QACA 算法步骤如下:

步骤 1:算法参数初始化,并将 m 只蚂蚁随机散布在 n 个城市节点上;

步骤 2:蚂蚁按照状态转移规则选择下一个城市,并更新禁忌表;

步骤 3:按照信息素更新策略完成信息素的局部更新;

步骤 4:判断是否所有蚂蚁完成巡游,如果是,转向步骤 5,否则返回步骤 2 继续游历下一个城市;

步骤 5:计算每只蚂蚁巡游的路径总长和游历顺序;

步骤 6:应用量子旋转门更新反映蚂蚁的各节点信息的量子信息强度;

步骤 7:完成信息素全局更新,同时更新可见度矩阵、启发因子和全局信息素挥发系数;

步骤 8:判断是否连续若干次迭代出现搜索停滞现象,如果是,重置信息素,否则转向步骤 9;

步骤 9:判断是否满足收敛条件或者达到最大迭代次数,如果满足,转向步骤 10,否则清空禁忌表并返回步骤 1,直到达到收敛条件或最大迭代次数;

步骤 10:输出最短路径长度和游历顺序。

QACA 算法流程图如图 3.5 所示。

3. 量子免疫算法

1) 概述

量子计算具有的并行处理能力、指数级存储容量及对经典算法的加速作用,使

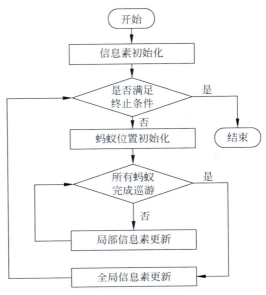

图 3.5 QACA 算法流程图

该领域的研究视野得到扩展,拥有更为宽广的应用前景。量子智能算法作为量子计算的重要组成部分,由于融合了量子计算和传统智能计算两方面的优势,具有较高的理论价值和应用前景。量子免疫算法作为其中重要的分支,研究起步较晚,因其具有种群规模小、收敛速度快、全局搜索能力强、鲁棒性强等优点,以及在组合优化问题中的良好表现,成为该领域研究的热点。

量子免疫克隆算法(Quantum-ispired Immune Clonal Algorithm,QICA)是将量子搜索机制与生物免疫系统原理相结合而演化出的一种搜索和优化方法。QICA 模仿了生物学原理中的进化和遗传过程,利用量子编码的叠加性构造抗体,应用克隆操作实现种群的扩展,相对于遗传算法具有更好的种群多样性,再通过选择、变异、交叉等进化操作,可逐步逼近待优化问题的最优解。

QICA 的基本思想是模拟生物免疫系统应答机制的过程,进行反复迭代,从而得到理想的结果。算法操作的对象是由若干染色体个体所组成的群体;应用某种机制构建针对具体问题的评价函数;再通过克隆、选择等操作将优秀个体遗传到下一代,并保持种群的多样性;通过变异操作促使优良个体的生成。自然进化和生命现象的不可预知性,导致该类算法无法保证其全局收敛性,算法表现出的主要特征是收敛速度慢、易早熟收敛。

2) 算法基本原理

① 量子染色体编码。

设染色体种群规模为 N,抗体长度为 m,则第 i 个抗体的编码可表示为:

$$q_i = \begin{pmatrix} \alpha_{i1} & \alpha_{i2} & \cdots & \alpha_{im} \\ \beta_{i1} & \beta_{i2} & \cdots & \beta_{im} \end{pmatrix} \quad (i=1,2,\cdots,N)$$

其中，$|\alpha_{ij}|^2+|\beta_{ij}|^2=1$，$j=1,2,\cdots,m$。对于每条染色体的某一个具体的位，均可由 α 或 β 表示其位置信息。相对于经典免疫算法中染色体编码，在保持染色体数量不变的情况下，量子染色体编码相当于在搜索空间进行了加倍，这也是量子衍生智能算法的优势之一。

② 观测操作。

对染色体中的量子位进行观测，将使量子态坍缩到一个确定态，可用于生成二进制序列。通常的做法是：为了从量子编码的染色体中得到相应的二进制编码序列，在观测系统中，对于每条染色体，首先生成 1 个随机数 rand$\in[0,1]$；将 rand 与染色体中每个位置上的概率幅平方 $|\alpha_i|^2$（或 $|\beta_i|^2$）（$i=1,2,\cdots,m$）进行比较，如果 rand$\geqslant|\alpha_i|^2$，则二进制串 $P(t)$ 相应位置取 1，否则取 0。

使用随机数参与幅值比较可以增加样本的多样性，对于寻优初期最优值的遍历有一定好处；但由于其取值的不确定性，在迭代的后期会降低搜索效率，某些情况下还会导致收敛停滞，不利于"求精"搜索。因此，本书采用取固定值 $p=1/2$ 作为观测的比较参数。对于由此造成的样本多样性丧失，则由算法的其他寻优策略弥补。

③ 克隆选择。

为了加速算法成熟，同时又避免早熟收敛，需对染色体种群进行克隆。常见的克隆方法包括固定倍数法、轮盘赌法、按比例分配法等。固定倍数法最为简单，是对原种群应用克隆操作时，确定一个克隆倍数即可。因为此类方法对所有个体克隆的规模均相同，只能起到简单的种群扩张的作用，故针对性不强，不能实现加速收敛。轮盘赌法是目前应用较为广泛的方法，能够随机扩增染色体个体，对增加种群多样性有一定好处，但针对性仍不明显。按比例分配法包括多种分支方法，本书采用按照适应度大小实现比例分配，具体操作如下。

首先根据抗原计算每条染色体的适应度，并按照抗原要求进行适应度排序。为避免种群陷入局部最优，选择前 $M(M<N)$ 条适应度较优的不同染色体（而不是一条最优染色体）进行克隆；对染色体进行克隆的原则，应按照抗体对抗原适应度大小按比例分配。以保证不会导致适应度大的抗体规模过大，而其他抗体规模过小直至种群退化，从而最终丧失多样性。

④ 变异操作。

使用云计算模型取代量子旋转门产生对种群中染色体个体的变异。变异操作的基本思想是：选择适应度最优个体作为种群变异的进化方向，每个个体根据其与最优适应度值的差距，自适应决定个体变异程度的大小。

⑤ 交叉操作。

对染色体的交叉操作能够产生丰富的目标样本，促使染色体进化，这对于避免目标函数早熟收敛具有更多的意义。常见的交叉方法包括单点交叉、部分匹配交叉、顺序交叉、循环交叉和全干扰交叉等。

⑥ 抗体突变。

基因突变的方法包括单基因突变、多基因突变和全基因突变等。本书经过多次仿真对比，在更多情况下，全基因突变能够取得更好的寻优结果。其流程如下：对克隆扩增后的种群进行适应度排序，选择其中 L 条适应度最低的抗体（最差抗体），通过交换这些染色体上的 α 与 β 的信息，达到量子非门变异的效果，实现基因座基因的突变。

⑦ 自然选择。

根据生物学中免疫克隆学说，在每次免疫应答过程中，除了增值和变异外，还有抗体自然死亡和新抗体的产生这一现象。这有助于保持种群多样性，避免陷入局部收敛。本书选择少量规模，使用混沌变量产生新个体替代原抗体。

⑧ 种群灾变。

经过若干次变异后，如果种群还没有得到进化，此时寻优过程可能已陷入局部最优，导致早熟收敛。根据进化论的观点，此时仅保留最优部分抗体，其余抗体通过混沌映射重新生成。

QICA 算法的基本步骤如下。

步骤 1：初始化种群。采用混沌原理产生 N 个抗体组成种群。

步骤 2：对种群进行评价。计算种群中每个个体的适应度，并进行排序。

步骤 3：克隆扩增。选取 M 个适应度最优的抗体，分别确定克隆数目，组成与原种群等规模的克隆子群，并与原种群合并组成新种群。

步骤 4：变异操作。

步骤 5：交叉操作。

步骤 6：自然选择操作。对种群重新进行评价，按照确定的规模对种群中适应度较差的抗体使用新个体进行替代。

步骤 7：对种群重新进行评价，选取前 N 个优秀个体重新组成新的种群，完成一次迭代。

步骤 8：对比最佳适应度，若种群中的最优抗体连续若干代保持不变，则进行种群灾变。

步骤 9：返回步骤 2 循环计算，直到达到收敛条件或最大迭代代数。

QICA 算法流程图如图 3.6 所示。

图 3.6　QICA 算法流程图

3.4　本章小结

本章首先介绍了量子计算与智能优化的产生背景、研究意义和国内外研究现状。其次从量子计算的物理基础出发，介绍了量子比特的概念和描述，同时引入常用的量子比特门。随后从量子计算的数学基础方面介绍了向量空间、线性算符、内积、外积、张量积等基本含义，给出了量子力学的四个基本假设。最后介绍了基于量子理论的量子粒子群算法、量子蚁群算法和量子免疫算法的基本思想及算法流程。

第4章

云计算与交通拥堵预测分类

云概念是在1995年由中国工程院院士李德毅教授在概率论和模糊数学的基础上提出的。在该理论提出后不到20年的时间里,它已经被成功应用于智能控制、数据挖掘和决策分析等多个领域。

4.1 云算法概述

4.1.1 云模型的定义

云模型是在概率论和模糊集合理论进行交叉渗透的基础上,通过特定构造算法,形成了定性概念与定量表示之间的转换模型,并揭示了随机性和模糊性的内在关联性。

正态云模型是一个遵循正态分布规律、具有稳定倾向的随机数集合,通过期望值 E_x、熵 E_n 和超熵 H_e 三个数值表示。其定义如下。

设 T 为论域 U 上的模糊子集,U 到闭区间 $[0,1]$ 的映射 $C_T(x): U \to [0,1]$;$\forall x \in U, x \to C_T(x)$ 是一个具有稳定倾向的随机数,则 $C_T(x)$ 在 U 上的分布称为 T 的隶属云,简称为云,或称为 T 的云模型。每个变量 x 称为一个云滴。$\forall x \in U, C_T(x)$ 不是一条清晰的隶属函数曲线,而是由大量云滴构成的。当映射 $C_T(x)$ 服从正态分布时,称为正态分布云模型。

云模型用期望值 E_x、熵 E_n 和超熵 H_e 三个数字特征对某一定性概念进行描述,可以通过云模型的数字特征来描述云模型、产生虚拟云、实现云计算和完成云变换。

期望值 E_x:云滴在论域空间分布的期望,其变化可以影响正态云的水平位置。通俗地讲,就是最能代表定性概念的点,或者说是这个概念量化的最典型样本,反映了这个概念的云滴群的云重心。

熵 E_n：定性概念的不确定性度量，用以综合度量定性概念的模糊度和概率，揭示了模糊性和随机性的关联。熵具有双重作用，它一方面反映了能够被概念接受的元素在论域空间中的范围，即模糊度；另一方面又是定性概念随机性的度量，反映了能够代表这个定性概念的云滴的离散程度，对应于定性概念云滴出现的随机性。

超熵 H_e：熵的不确定性度量，也叫熵的熵。反映了云滴的凝聚度。超熵的大小由熵的模糊性和随机性共同决定，间接地反映了云的离散程度和厚度，即 H_e 越大，云滴的离散程度越大，隶属度的随机性越大，云模型越厚实。图 4.1 为正态云模型的数字特征图。

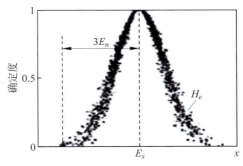

图 4.1 正态云模型的数字特征图

4.1.2 云模型发生器

云模型发生器是指被软件模块化或硬件固化了的云模型的生成算法，它是云模型控制器的核心部分，也是与其他智能控制器的主要区别。

云模型发生器在定性和定量之间建立相互映射的关系，主要包括正向云发生器、逆向云发生器、X 条件云发生器和 Y 条件云发生器。正向云发生器是由云的三个数字特征产生满足条件的云滴，N 个云滴构成了整个云，这样一个定性的概念就可以通过云模型不确定性的转换定量地表示。逆向云发生器是通过已知一定数量的云滴来得到描述定性知识的云的三个数字特征的过程。正态云模型是最基本的云模型，生成云滴的算法或硬件称为云发生器，设 U 是一个精确数值表示的定量论域，C 是 U 上的定性概念，若定量值 $x \in U$，且 x 是定性概念 C 的一次随机实现，其中 $\mathrm{Drop}(x_i, u_i)$ 表示一个云滴。正态云发生器如图 4.2 所示。

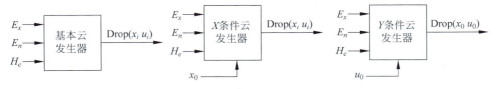

图 4.2 正态云发生器

下面给出正态云发生器的具体算法。

步骤 1：根据云的三个数字特征（E_x、E_n、H_e）生成以 E_n 为期望值，以 H_e 为标准差的正态随机数 E'_n；

步骤 2：以 E_x 为期望值，以 E'_n 的绝对值为标准差来生成一个正态随机数 x，$\text{Drop}(x_i, u_i)$ 为论域空间 U 的一个云滴；

步骤 3：根据步骤 1 和步骤 2 计算 x 属于定性概念 C 的确定度 μ，

$$\mu = e^{-\frac{(x-E_x)^2}{2(E'_n)^2}};$$

步骤 4：重复步骤 1～步骤 3，直至生成 N 个云滴为止。

对应的算法伪代码表示为：

```
INPUT: {E_x, E_n, H_e}, n                    //初始化数字特征和云滴数
OUTPUT: {(x_1, u_1, ⋯, x_n, u_n)}            //获取 n 个云滴
FOR i = 1 to n
  E'_n = RANDN(E_n, H_e)                     //生成正态随机数 E'_n
  x_i = RANDN(E_x, E'_n)                     //生成正态随机数 x_i
  μ_i = e^(-(x_i - E_x)^2 / 2(E'_n)^2)
  Drop(x_i, u_i)                             //生成第 i 个云滴
```

当给定云的三个数字特征和论域 U 上特定的 $x = x_0$ 时，产生满足条件的云滴 $\text{Drop}(x_0, u_i)$，称为 X 条件云发生器。对应的算法伪代码表示为：

```
INPUT: {E_x, E_n, H_e}, n, x_0
OUTPUT: {(x_0, u_1, ⋯, x_0, u_n)}
FOR i = 1 to n
  E'_n = RANDN(E_n, H_e)
  μ_i = e^(-(x_0 - E_x)^2 / 2(E'_n)^2)
  Drop(x_0, u_i)
```

当给定云的三个数字特征和特定的确定度 $y = u_0$ 时，产生满足条件的云滴 $\text{Drop}(x_i, u_0)$，称为 Y 条件云发生器。对应的算法伪代码表示为：

```
INPUT: {E_x, E_n, H_e}, n, u_0
OUTPUT: {(x_1, u_0, ⋯, x_n, u_0)}
FOR i = 1 to n
  E'_n = RANDN(E_n, H_e)
  x_i = E_x e'_n √(-2ln(u_0))
  Drop(x_i, u_0)
```

上述算法对应的是一维云模型，同理可构造二维和多维云模型。

4.1.3 云模型的性质

云模型具有如下性质:

① 论域 U 可以是一维的,也可以是多维的;

② 对于任意 $x \in U$,x 到区间 $[0,1]$ 上的映射是一对多的变换,x 对 C 的确定度是一个概率分布,而不是固定的数值;

③ 定义中的"确定度"是模糊集意义下的隶属度,同时也是具有概率意义下的分布;

④ 云滴是定性概念在数量上的实现,云滴之间是无次序的,云滴越多越能反映这个定性概念的整体特征。

4.2 云计算的概念

云计算是一种计算理念,而不是具体的技术,它是随着互联网技术的发展在分布处理(Distributed Computing)、并行处理(Parallel Computing)和网格计算(Grid Computing)基础上发展形成的新兴概念。云计算是将云提供商的计算资源集中起来,采用用户付费的方式将服务开放给用户,即用户仅需支付较少的成本就能够享有与大型企业同等的计算服务。自 2006 年 Google 公司首席执行官 Eric Schmidt 首次提出云计算的概念以来,国内外相关领域专家、学者围绕这一概念给出了多种定义。

(1) 狭义的云计算。

IT 基础设施的交付——使用模式。用户借助于网络可以以按需求、易扩展的方式获取需要的资源(平台、硬件、软件)。提供资源的网络称为"云",从使用者的角度来看,"云"中的资源可以无限扩展,并且可以随时获取、按需使用和按需付费。

(2) 广义的云计算。

服务的支付——使用模式。用户借助于网络可以以按需求、易扩展的方式获取需要的服务,这些服务可以是 IT、软件、互联网,也可以是生产生活中的其他服务。

(3) Vaquero L. M 等在总结关于云计算研究成果的基础上,从云计算提供者的角度给出了"云计算"的定义。

云是包含大量抽象的、虚拟的、动态可扩展资源的资源池,这些资源可以根据不同的负载进行动态的配置,从而达到更优化的配置和利用率,资源池由基础设施提供商构建,并按照服务等级协议(Service Level Agreement,SLA)对用户采用按使用付费(Pay Per Use,PPU)的模式开发管理。

从上述定义可以归纳得到,云计算的核心思想是将大量可利用资源通过网络连接起来,进行统一的管理和调度,以构成一个能够向用户按需提供服务的计算或服务资源池。云计算可以分为三种形式:基础设施即服务(Infrustracture as a Service,IaaS);软件即服务(Software as a Service,SaaS)和平台即服务(Platform as a Service,PaaS)。

通过对云计算定义的总结和形式的分类,可归纳其性质如下。

(1)虚拟性:云计算平台对各种软硬件资源进行虚拟化,用户无须知道云的具体位置,只需要通过终端访问即可。

(2)灵活性:用户可以根据需要对资源(如软件、存储系统、应用程序)进行定制,云计算的灵活性以虚拟性为基础。

(3)易用性:用户可以通过简单的设备对云中的数据进行访问。云计算实现了隐藏系统底层的复杂性。用户对存储在云中数据的使用不受时间和空间的限制。

(4)可扩展性:用户若要获取更强的计算能力或更多的资源,只需要向供应商购买即可。用户可以根据需要来扩展业务,而无须改变软硬件资源。

(5)动态性:云计算可以对资源进行自动分配管理(即时监控、自动调度等)。

因此,云计算的目的是减少用户终端的处理负担,使用户终端最终简化为一个单纯的输入/输出设备,并能够按需享受"云"强大的计算处理能力。

4.3　交通拥堵预测

在实际的物流配送运输过程中,经常会发生交通拥堵事件,增加了物流企业的运营成本。交通拥堵事件可能导致道路某点、某条车道或某截面的交通流增大,物流配送时间延长和碳排放的增加,因此碳税、碳交易机制成为制约物流企业收益成本的重要模块。物流企业若要实现利益最大化,就必须设计有效的方法和策略对交通拥堵事件进行预测,对影响企业成本的因素进行分类,对潜在的拥堵事件进行合理的调度。但影响交通拥堵事件预测分类的因素众多,选取何种指标作为评价的标准、采用何种方法对拥堵事件进行分类,是目前相关领域学者研究的重要问题。本章在前人研究的基础上,提出拥堵分类预测体系以及采用云计算等智能算法进行拥堵预测分类的技术路线。

4.3.1　拥堵预测分类

2019年,中华人民共和国公安部发布了《城市交通管理评价指标体系》(下文简称《体系》),其中通过主干路机动车平均行程速度对城市交通拥堵进行了定义,如表4.1所示。

表 4.1 《体系》对交通拥堵状态的定义

指标	范围	交通拥堵状态
平均行程速度	大于或等于 45km/h	畅通状态
平均行程速度	小于 45km/h 但大于 35km/h	轻度拥堵状态
平均行程速度	小于 35km/h 但大于 25km/h	轻度拥堵状态
平均行程速度	小于 25km/h 但大于 15km/h	较为拥堵状态
平均行程速度	小于 15km/h	严重拥堵状态

引发交通拥堵的因素大致可分为道路、车辆和交通环境三类。发生拥堵时,道路几何结构发生状态改变,车流的秩序以及速度受到限制,导致拥堵发生;在车辆发生拥堵时,此时由于道路的疏导能力有限,或者机动车与非机动车、公交以及其他类型车辆混行时,车辆速度、灵活性有较大的差异,导致了拥堵的发生;在遭遇突发事件时,正常有序的道路环境受到了破坏,驾驶员的反应能力也不尽相同,原先的有序交通流受到了破坏,导致道路拥堵的发生。研究主要从道路的某一点、某一截面来进行,较少考虑在特定干扰事件发生后,物流企业的成本规律。本章针对交通拥堵事件,从低碳环保的角度出发,结合运输车辆实际的道路情况,提出将交通拥堵事件的分类按照碳排放量、碳排放成本和货物损耗成本进行划分,并据此提出拥堵预测分类体系,如图 4.3 所示。

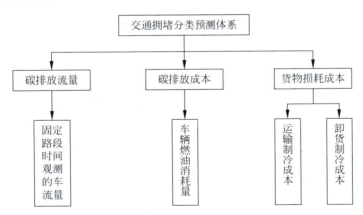

图 4.3 拥堵预测分类体系

4.3.2 碳排放指标

1. 碳排放流量

碳排放流量是在单位时间内通过道路某一点、某一截面或某一条车道中车流量的碳排放数。碳排放流量可通过定点调查直接获得，其可以直观地反映道路某一点、某一截面或某一条车道的车辆通过情况。

2. 碳排放成本

本章采用负载估计法通过运输距离的油耗量和运输过程中的容载量变化计算碳排放成本，以此结合数学模型的计算观测道路中的碳排放成本。该方法描述为：运输车辆容载量为 0 时，运输车辆的单位行驶距离正常油耗量为 ρ_0；运输车辆容载量为最大容载量时，运输车辆的单位行驶距离正常油耗量为 ρ^*，车辆容载量与油耗量呈线性关系，则在式(4.1)中，当车辆容载量为 Q_{ij} 时，运输车辆的单位行驶距离正常油耗量描述为：

$$\rho(Q_{ij}) = \rho_0 + \frac{\rho^* - \rho_0}{Q} Q_{ij} \tag{4.1}$$

式(4.2)表示了拥堵预测分类体系中碳排放的计算方法，考虑客户节点 (i,j) 路径距离与容载量变化的碳排放成本 FC_{ij} 为：

$$FC_{ij} = p_1 \rho(Q_{ij}) d_{ij} = p_1 \left[\rho_0 + \frac{\rho^* - \rho_0}{Q} Q_{ij}\right] d_{ij} \tag{4.2}$$

3. 货物损耗成本

为防止运输过程中生鲜农产品损耗，冷链物流企业通常将制冷车厢设置适宜的温度。但在运输途中，生鲜农产品会与车厢发生碰撞，从而造成损耗；与此同时，生鲜农产品还会由于运输时间，以及在卸货过程中时间长短，造成不同程度的损耗。式(4.3)中，引入生鲜农产品新鲜度衰减函数，对生鲜农产品的货损程度进行描述：

$$\theta(t) = \theta_0 e^{-\partial t} \tag{4.3}$$

式(4.3)表示了在一定温度下当前时刻的新鲜度。θ_0 为出发时刻在配送中心的生鲜农产品新鲜度。∂ 表示为运输条件下生鲜农产品的新鲜度衰减系数，该系数通常与运输的氧气含量、产品环境温度有关。据此分析，运输车辆在运输过程中不会打开制冷车厢，运输环境为制冷车厢，则产品的新鲜衰减系数为 ∂_1；在卸货过程中打开制冷车厢，运输环境发生变化，含氧量和温度提高，并且卸货时间的长短决定了在当前环境下的损耗程度，在此情况下，产品的新鲜衰减系数为 ∂_2，并且 $\partial_1 < \partial_2$。

本章将生鲜农产品的单位价格、车辆容载量与货损成本综合进行考虑，将此作为拥堵预测分类体系中货物损耗成本的计算方法。式(4.4)为不打开制冷车厢时的运输制冷成本：

$$C_{11} = \sum_{k=1}^{K} \sum_{i=0}^{N} y_{ik} P q_i (1 - e^{-\partial_1 (t_i^k - t_0^k)}) \tag{4.4}$$

式(4.5)为卸货过程中的运输制冷成本：

$$C_{12} = \sum_{k=1}^{K} \sum_{i=0}^{N} y_{ik} P Q_m (1 - e^{-\partial_2 T_i}) \qquad (4.5)$$

4.3.3 拥堵预测方法

已有预测方法广泛用于交通拥堵预测领域中，并取得了显著成效。本章旨在对交通拥堵的干扰事件进行预测分类，以得到降低碳税成本的配送策略。常用方法包括如下几类。

1. 线性理论模型

统计分析预测模型是将收集的特征数据，结合统计学的方法，对后续数据进行分析和预测，其中历史平均法是最早出现的统计分析预测模型。历史平均法在交通拥堵事件和特定交通流预测的应用思想在于：设定选定道路的交通流量是依照某种规律运行的，通过收集后的交通流量数据和以往数据加权平均后，将结果作为下一时刻的交通流量数据。该方法的优点是计算原理简单，复杂度低；但缺点在于对所选定道路中的交通流数据的动态特性和非线性特征描述不清晰，不适合用于对预测精度要求较高的领域。当前，该类方法大多应用于丢失数据的补全中，并取得了良好的效果。

2. 非线性理论模型

在交通拥堵预测分类中主要结合收集数据进行主成分分析，总结短时交通流与分类特征之间的非线性特征，并结合混沌理论、协同论、系统动力学等非线性模型，对下一时刻的交通流数据进行预测。主要包括突变理论模型、混沌理论模型和小波预测分析模型等。

3. 基于智能理论的分类预测模型

该分类预测模型的思想在于结合大数据技术，在监督或非监督学习模式下，学习目前收集到的数据，使预测数据和真实数据之间拟合效果逐渐提升加强，提升预测精度，并以此作为下一时刻的交通流预测结果。这些技术包括云计算、支持向量机、神经网络、前景理论、灰色理论、人工神经网络（Artificial Neural Networks，ANN）以及长短时记忆网络（LSTM）等。

因此，本章依据上述碳排放流量、碳税成本、货物损耗成本构成非线性分类预测方法，获得配送时段内的拥堵预测，拥堵预测分类的步骤如图4.4所示。

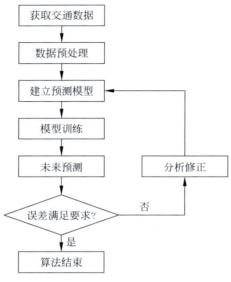

图 4.4 拥堵预测分类的步骤

4.4 本章小结

云模型是在概率论和模糊集合理论进行交叉渗透的基础上,通过特定构造算法,形成了定性概念与其定量表示之间的转换模型。云计算是将云提供商的计算资源集中起来,采用用户付费的方式将服务开放给用户,具有虚拟性、灵活性、易用性、可扩展性和动态性的特点。

本章提出交通拥堵分类预测体系方法,并按照碳排放流量、碳排放成本、货物损耗成本进行分类划分,同时对三类指标进行数学描述。

第5章

带时间窗的低碳冷链物流调度问题

VRP 及其研究分支已经被证明是典型的 NP 难题,可以根据不同的类型扩展为带时间窗的车辆路径问题、开放式车辆路径问题、随机需求车辆路径问题和异型车辆路径问题等,其中带时间窗的车辆路径问题是一类经典的 VRP 问题。冷链配送出现异常的突发干扰事件主要包括配送货物发生损坏、配送车辆出现故障、交通事故发生、客户订单临时取消,以及配送时间窗变化等。本章研究带时间窗的低碳冷链物流配送干扰管理模型,以解决导致车辆碳排放、企业运营成本、客户不满意度增加的要素及解决策略。

5.1 问题描述

5.1.1 时间窗分类

从不同角度和层面考虑,带时间窗车辆路径问题可以分为如下几类。

1. 单时间窗和多时间窗

单时间窗是指客户要求服务的时间窗只有一个,即由一组最早服务时间和最晚服务时间确定的时间区域;多时间窗是指客户要求服务的不是单一时间窗,而是相互独立且不重叠的多个可供选择的时间窗,选择并满足其中任何一个时间窗即完成了服务要求。目前对多时间窗的研究相对较少。

2. 单边时间窗和双边时间窗

单边时间窗是指客户要求的只有最晚服务时间限制而没有最早服务时间限制,即客户仅要求在某时间点之前提供服务;双边时间窗是指客户要求的服务是某个确定的时间区域,双边时间窗问题与单时间窗问题比较相似,这两类问题的处理一般使用相同的措施。

3. 硬时间窗和软时间窗

硬时间窗是指车辆必须在规定的时间区域内对客户进行配送服务,服务不允许发生在此时间区域之外。车辆即使在最早服务时间之前到达客户点,也必须等到最早服务时间才能进行服务。车辆不允许超过最晚服务时间到达客户点,即车辆配送服务既不能提前也不能拖后,如果超出了时间窗,则所得到的相关解是不可行解。

软时间窗是指车辆对每个客户的要求尽量在规定的时间区域内完成,如果因为某些原因不能在要求的时间区域对客户进行服务,在根据超时长短接受一定惩罚的前提下,允许服务提前或拖后。因此,提交软时间窗问题目标函数时,需要增加一定的惩罚系数。

相对而言,软时间窗的 VRP 更贴近实际的规划配送问题。有以下两个原因。①客户要求的时间窗存在相互重叠的可能,所以车辆配送过程中很难保证满足所有客户的要求。配送车辆一般会优先满足大客户,即根据客户的重要程度来选择允许的延误程度,延误程度通过在数学模型中添加的惩罚系数的大小来表示。②相对于硬时间窗的限制,软时间窗所接受的惩罚成本远低于为满足时间限制而派出更多车辆的成本。软时间窗 VRP 在车辆数目和规模确定的情况下更容易找到可行解,但可行解的发现也是以接受惩罚和降低部分客户满意度为代价的。降低这种代价付出的一般方法是提高惩罚成本,当时间延误的惩罚成本达到超过多派出车辆的运输成本时,软时间窗问题可转化为硬时间窗问题。因此软时间窗具有更大的灵活性。

带时间窗的车辆路径问题可以用图论的观点进行描述。设有向图 $G=<V,E>$ 表示待配送的需求网络,$V=\{0,1,\cdots,n\}$ 表示一组节点,节点 0 表示原点,$V\setminus\{0\}$ 表示客户点,$E=\{<i,j>|i,j\in V, i\neq j\}$ 是一组弧线;$K=\{1,2,\cdots,m\}$ 表示一队配送车辆,m 表示车辆数;q_k 表示车辆 k 的装载量;d_i 表示节点 i 的需求量;at_i 表示车辆到达节点 i 的时间,wt_i 表示车辆在节点 i 的等待时间,st_i 表示车辆在节点 i 的服务时间,t_{ij} 表示两个节点 $<i,j>$ 间的行驶时间,$[e_i,l_i]$ 表示节点 i 的时间窗,其中 e_i 表示开始服务的最早时间点,l_i 表示开始服务的最晚时间点;c_{ijk} 表示车辆 k 经历弧 $<i,j>$ 的配送成本,导入决定变量如下:

$$x_{ijk}=\begin{cases}1, & \text{如果车辆 } k \text{ 经过弧线}<i,j>\\ 0, & \text{否则}\end{cases} \quad (5.1)$$

带时间窗车辆路径问题的三下标 (i,j,k) 车辆流数学模型表示如式(5.2)所示:

$$\min\sum_{k=1}^{m}\sum_{i=0}^{n}\sum_{j=0}^{n}c_{ijk}x_{ijk} \quad (5.2)$$

约束条件为：

$$\sum_{k=1}^{m}\sum_{i=0}^{n}x_{ijk}=1, \quad \forall j=V\backslash\{0\} \tag{5.3}$$

$$\sum_{k=1}^{m}\sum_{j=0}^{n}x_{ijk}=1, \quad \forall i=V\backslash\{0\} \tag{5.4}$$

$$\sum_{k=1}^{m}\sum_{i=1}^{n}x_{i0k}=\sum_{k=1}^{m}\sum_{j=1}^{n}x_{0jk}=m \tag{5.5}$$

$$\sum_{i=0}^{n}(d_i\sum_{j=0}^{n}x_{ijk})\leqslant q_k, \quad \forall k\in K \tag{5.6}$$

$$\sum_{i\in S}\sum_{j\in S}x_{ijk}\geqslant 1, \quad \forall S\subseteq V\backslash\{0\}, \quad |S|\geqslant 2, \quad \forall k\in K \tag{5.7}$$

$$at_i\leqslant l_i, \quad \forall i\in V \tag{5.8}$$

$$e_i\leqslant (at_i+wt_i)\leqslant l_i, \quad \forall i\in V \tag{5.9}$$

$$at_i+wt_i+st_i+t_{ij}+(1-x_{ijk})T\leqslant at_j, \quad \forall i,j\in V, i\neq j, \forall k\in K \tag{5.10}$$

$$at_0=wt_0=st_0=0 \tag{5.11}$$

$$wt_i=\max\{0,e_i-at_i\}, \quad \forall i\in V \tag{5.12}$$

$$at_i\geqslant 0, \quad \forall i\in V \tag{5.13}$$

$$wt_i\geqslant 0, \quad \forall i\in V \tag{5.14}$$

$$st_i\geqslant 0, \quad \forall i\in V \tag{5.15}$$

$$x_{ijk}=0\backslash 1, \quad \forall i,j\in V, i\neq j, \forall k\in K \tag{5.16}$$

其中，式(5.2)表示目标函数；式(5.3)和式(5.4)表示访问单一对应性约束，即每个客户点只能被一辆车服务，并且仅会被服务一次。式(5.5)表示原点约束，即车辆必须从原点出发，完成服务任务后返回原点，这种约束条件也对应封闭式车辆路径问题。式(5.6)表示容积约束。式(5.7)表示针对次回路的消除条件。式(5.8)～式(5.15)表示时间窗的约束，式(5.8)表示车辆到达客户点的最晚时间不能迟于要对客户开始服务的最晚时间约束；式(5.9)表示对客户开始服务的时间必须在最早服务时间和最晚服务时间的范围内；式(5.10)表示前驱节点和后继节点之间的关系，其中 T 表示一个充分大的整数；式(5.11)表示对客户点位置的时间参数进行设置；式(5.12)表示对等待的时间进行计算。式(5.16)表示引入决策变量的对应值。

而软时间窗 VRP 是借助惩罚成本来弥补时间延误，因此在数学模型的构建上，软时间窗 VRP 的惩罚成本(惩罚系数)通常表示成随自变量(延误时间)变化的

函数。根据式(5.2),软时间窗 VRP 的数学模型可表示为:

$$\min \sum_{k=1}^{m} \sum_{i=0}^{n} \sum_{j=0}^{n} c_{ijk} x_{ijk} + \sum_{i=0}^{n} f(\mathrm{DT}_i) \tag{5.17}$$

式(5.17)是软时间窗 VRP 的目标函数,$\sum_{i=0}^{n} f(\mathrm{DT}_i)$ 表示所有客户惩罚成本之和,其中 DT_i 表示车辆在客户点 i 的延误时间。约束条件表示为:

$$\sum_{k=1}^{m} \sum_{i=0}^{n} x_{ijk} = 1, \quad \forall j \in V \backslash \{0\} \tag{5.18}$$

$$\sum_{k=1}^{m} \sum_{j=0}^{n} x_{ijk} = 1, \quad \forall i \in V \backslash \{0\} \tag{5.19}$$

$$\sum_{k=1}^{m} \sum_{i=1}^{n} x_{i0k} = \sum_{k=1}^{m} \sum_{j=1}^{n} x_{0jk} = m \tag{5.20}$$

$$\sum_{i=0}^{n} \left(d_i \sum_{j=0}^{n} x_{ijk}\right) \leqslant q_k, \quad \forall k \in K \tag{5.21}$$

$$\sum_{i \in S} \sum_{j \in S} x_{ijk} \geqslant 1, \quad \forall S \subseteq V \backslash \{0\}, \quad |S| \geqslant 2, \forall k \in K \tag{5.22}$$

$$at_i + wt_i + st_i + \mathrm{DT}_i + t_{ij} + (1 - x_{ijk})T \leqslant at_j, \quad \forall i,j \in V, i \neq j, \forall k \in K \tag{5.23}$$

$$at_0 = wt_0 = st_0 = \mathrm{DT}_0 = 0 \tag{5.24}$$

$$wt_i = \max\{0, e_i - at_i\}, \quad \forall i \in V \tag{5.25}$$

$$\mathrm{DT}_i = \max\{0, at_i - l_i\}, \quad \forall i \in V \tag{5.26}$$

$$at_i \geqslant 0, \quad \forall i \in V \tag{5.27}$$

$$wt_i \geqslant 0, \quad \forall i \in V \tag{5.28}$$

$$\mathrm{DT}_i \geqslant 0, \quad \forall i \in V \tag{5.29}$$

$$st_i \geqslant 0, \quad \forall i \in V \tag{5.30}$$

$$x_{ijk} = 0 \text{ 或 } 1, \quad \forall i,j \in V, i \neq j, \forall k \in K \tag{5.31}$$

其中式(5.18)~式(5.22)是软时间窗约束条件,式(5.23)表示在时间上前驱节点和后继节点的关系,式(5.26)表示计算惩罚时间成本的公式。

5.1.2 冷链物流配送调度模型

冷链物流配送调度可描述为:假设某个配送中心(编号为 0)具有 k 辆冷链配送车辆,配送车辆的车型、燃油类型、行驶最大速度以及载重能力均相同,配送中心向 $N(N=1,2,\cdots,n)$ 个客户点配送产品,在满足客户需求时间窗、车辆载重容量及客户需求量的前提下对目标客户执行配送服务,每次配送服务都在客户要求的服务时间窗内完成,每辆车在结束服务后必须返回配送中心。综合考虑运输配送过程的成本,规划合理的配送路线,使综合配送成本及运输中的碳排放流量最小化。

1. 配送成本分析

1)车辆综合运输成本

物流配送企业在执行配送任务时会选择相同类型的车辆进行统一管理,包括配送车辆运输过程中产生的固定损耗成本及人员成本。固定成本与运输距离以及需要进行配送客户点的数量之间没有直接关系。车辆运输成本通常结合运输成本和能源消耗成本进行计算,车辆综合运输成本由车辆固定成本以及车辆运输成本共同决定,车辆综合运输成本 Z_1 表示为:

$$Z_1 = \text{cost}_1 \sum_{k=1}^{N} \sum_{j=1}^{N} x_{0jk} + \text{cost}_2 \sum_{k=1}^{N} \sum_{i,j=0}^{N} x_{ijk} d_{ij} \tag{5.32}$$

2)碳排放成本

将碳排放成本和不同制冷环境下运输货物损耗成本综合考虑,引入碳排放系数 e_0 以及运输过程单位燃油价格 w_1,$c_1 c_2$ 分别表示碳排放成本和损耗成本则构建碳排放成本模型 Z_2 可表示为:

$$Z_2 = \sum_{i=0}^{N} B_{ij} + e_0(c_1 + c_2) \cdot w_1 \tag{5.33}$$

3)时间惩罚成本

由于生鲜类产品具有易腐败、易损坏等特点,客户通常希望在一个需求时间窗口内完成配送任务。本章为此设立了需求时间窗(E_j, L_j),表示客户可以接受的最早抵达送货时间和最晚抵达送货时间范围。如果配送车辆超出此时间窗范围,则需要缴纳相应的罚金,但早于最早可接受服务时间的惩罚金额要远小于晚于最晚可接受服务时间惩罚金额。令参数 ε_1 和 ε_2 分别表示配送车辆早于可接受服务时间点的惩罚系数以及晚于可接受服务时间点的惩罚系数,则配送过程时间惩罚成本 Z_3 可以表示为:

$$Z_3 = \varepsilon_1 \max\{E_j - t_j, 0\} + \varepsilon_2 \max\{t_j - L_j, 0\} \tag{5.34}$$

4)参数说明

式(5.32)~式(5.34)中的参数含义为:N 表示物流配送中心要进行配送的客户点数量;K 表示物流配送中心执行配送冷藏车数量;cost_1 表示配送冷藏车自身固定成本;cost_2 表示配送冷藏车运输成本;d_{ij} 表示客户点(i,j)之间的距离;q_i 表示客户点需求量;p 表示生鲜产品单位价格;w_1 表示配送运输过程中单位燃油价格;e_0 表示碳排放系数;c_1 表示冷藏配送车辆处于封闭状态时的制冷成本;c_2 表示冷藏配送车辆处于卸货状态时的制冷成本。

2. 配送目标及约束条件

通过分析冷藏配送车辆综合运输成本 Z_1、碳排放成本 Z_2 及时间惩罚成本 Z_3 对于低碳冷链物流配送问题的影响,式(5.35)表示以综合成本最小化为目标的低碳冷链物流配送初始调度模型:

$$\min Z = Z_1 + Z_2 + Z_3 \tag{5.35}$$

式(5.35)约束条件为:

$$\sum_{j=S_k}^{N} x_{ijk} = y_{jk}, \quad \forall i \in S, \forall k \in K \tag{5.36}$$

$$\sum_{i=S_k}^{N} x_{ijk} = y_{jk}, \quad \forall j \in S, \forall k \in K \tag{5.37}$$

$$\sum_{k=2}^{K} y_{ik} = 1, \quad \forall i \tag{5.38}$$

$$\sum_{j \in N} x_{0jk} = \sum_{j \in N} x_{i0k} = 1, \quad \forall k \in K \tag{5.39}$$

$$\sum_{i,j \in S_k} x_{ijk} \leq |S_k - 1|, \quad \forall k \in S_k \tag{5.40}$$

$$\sum_{i=1}^{N} q_i y_{ik} \leq Q, \quad \forall K \tag{5.41}$$

$$x_{ijk} = \begin{cases} 1, & \text{若车辆 } k \text{ 由客户 } i \text{ 直接驶向客户 } j \\ 0, & \text{其他} \end{cases} \tag{5.42}$$

$$y_{ik} = \begin{cases} 1, & \text{若客户 } i \text{ 的需求由车辆 } k \text{ 来满足} \\ 0, & \text{其他} \end{cases} \tag{5.43}$$

式(5.36)表示车辆在服务完客户 i 之后直接服务下一客户 j。式(5.37)表示车辆在服务客户 j 之前只服务一个客户 i。式(5.38)表示每位客户只可以被一辆配送车辆服务。式(5.39)表示配送车辆从配送中心出发执行配送任务至结束后必须返回配送中心。式(5.40)表示规避子回路出现在配送过程中。式(5.41)表示单个客户需求均小于车辆最大载重量。式(5.42)和式(5.43)表示约束条件。

5.2　VRPTW 的改进量子遗传算法研究

解决 VRPTW 有多种方法,这些方法可广义地被分为三类:简单启发式算法、启发式约束规划和本地搜索算法(精确的优化算法和智能优化方法)。国内外专家、学者对该问题进行了长时间的研究。遗传算法、微粒群算法和禁忌搜索算法等是自研究 VRPTW 的基础方法——Clarke-Wright（成本节约法）后最常用的算法。

5.2.1 量子遗传算法工作原理

1. 遗传算法

遗传算法（Genetic Algorithm，GA）的计算始于表示待优化问题解集的种群，该种群是由具有染色体（Chromosome）特征的若干个体（Individual）组成，而作为遗传物质载体的染色体则由基因编码形成。遗传算法主要根据优胜劣汰原理，借助遗传学的交叉、变异算子，在初始种群产生后，选取适应度更高的个体以组成对环境更适应的下一代种群。当算法执行到产生末代种群时，通过对种群内的最优个体的解码来获取问题的近似最优解。

遗传算法的工作步骤一般表示如下：

步骤 1：选取满足约束条件的编码并构造染色体；

步骤 2：随机产生适当数量的初始种群；

步骤 3：对每个染色体的适应度逐一进行计算；

步骤 4：综合使用选择算子、交叉算子和变异算子等遗传算子产生下一代子种群；

步骤 5：重复执行步骤 3 和步骤 4，直到满足终止条件求得近似最优解。

如图 5.1 所示为遗传算法流程图。

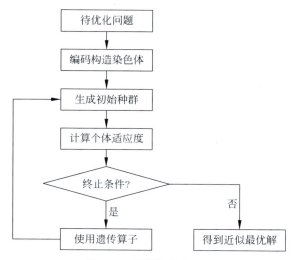

图 5.1　遗传算法流程图

遗传算法因其具有自组织、自适应性、并行性及不受问题本身性质限制等诸多优点广泛应用于 VRP 的求解上，但是遗传算法也因为存在早熟收敛等问题，使遗传算法在实际应用中需要与其他优化算法进行结合。例如，为弥补遗传算法局部搜索能力差的缺点,引入模拟退火算法的思想来抑制遗传算法的早熟,避免种群在局部收敛;考虑到禁忌搜索算法具有良好的短期记忆功能而能有效防止陷入局部最优解的特点,在遗传算法的复制操作中可以引入禁忌搜索算法产生的新个体,使遗传算法每代个体尽量呈现多样性,继而使算法避免陷入局部最优。

2. 量子遗传算法

量子进化算法是将物理界中量子理论的关于态的叠加性、纠缠性和坍缩等概念同信息处理、计算机科学等领域进行交叉而产生的诸如量子编码、量子信息处理的全新研究方法。量子遗传算法(Quantum Genetic Algorithm,QGA)是将量子进化算法与遗传算法相结合,用量子比特、量子编码和量子叠加态的概念,把遗传算法的染色体编码操作替换为量子比特概率幅表示,即用 $[\alpha,\beta]^T$ 表示一个量子位,α 和 β 代表复数,对应 $|0\rangle$ 和 $|1\rangle$ 态的概率幅,并且满足 $|\alpha|^2+|\beta|^2=1$,这样可以实现由 n 个量子位编码的染色体表示 2^n 个状态。在一般的量子进化算法中,用量子旋转门和灾变操作代替了遗传算法的交叉和变异操作,虽然这在一定程度上避免陷入局部极小,但是陷入局部极小的可能性并未完全消除。量子遗传算法是在量子算法的旋转门操作后增加了量子交叉和变异。

作为量子进化计算的最小单位,量子位可能处于 $|0\rangle$ 态、$|1\rangle$ 态或两种态的叠加态。在量子遗传算法中,长度为 L 的第 k 代种群 $Q(k)$ 的量子个体如下表示:

$$p_i^k = \begin{bmatrix} \alpha_1^k & \alpha_2^k & \cdots & \alpha_L^k \\ \beta_1^k & \beta_2^k & \cdots & \beta_L^k \end{bmatrix}, \quad i=1,2,\cdots,N \tag{5.44}$$

式(5.44)中的 k 表示进化的代数,N 表示种群的大小,并且满足归一化条件 $|\alpha_i|^2+|\beta_i|^2=1, i=1,2,\cdots,N$。量子个体通过量子门对信息进行操作,它的构造是量子遗传算法的关键,首先实施幺正变换对量子态的演化和传递进行控制,然后进化种群。一般使用量子旋转门,其调整操作如下所示:

$$\begin{bmatrix} \alpha_i' \\ \beta_i' \end{bmatrix} = \begin{bmatrix} \cos\theta_i & -\sin\theta_i \\ \sin\theta_i & \cos\theta_i \end{bmatrix} \begin{bmatrix} \alpha_i \\ \beta_i \end{bmatrix} \tag{5.45}$$

$[\alpha_i,\beta_i]^T$ 表示染色体的第 i 个量子位,θ_i 表示旋转角,旋转角的大小及符号被既定的调整策略所确定。

5.2.2 改进量子遗传算法

一般 QGA 的设计主要包括构造量子染色体、更新量子门和交叉、变异染色体等几个步骤。如图 5.2 所示为改进量子遗传算法流程图。

改进算法步骤描述如下。

步骤 1:对种群进行初始化。完成对种群大小、量子变异概率和量子位染色体位数的确定,并且保证所有态在算法搜索早期以相同的概率出现。

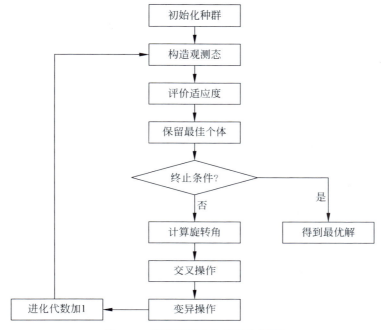

图 5.2 改进量子遗传算法流程图

步骤 2：根据种群中个体的概率幅对量子叠加态的观测态 B 进行构造，$B=\{b_1,b_2,\cdots,b_n\}$，$b_i(i=1,2,\cdots,n)$ 表示每个个体的观测状态。

步骤 3：评价观测态的适应度。

步骤 4：对最佳个体进行记录和保留，同时判断是否满足终止条件，如果条件满足，算法终止，否则，继续下一步。

步骤 5：参考式(5.35)对量子门旋转角进行动态调整并计算。

步骤 6：对量子进行交叉操作。

步骤 7：对量子进行变异操作。

步骤 8：对下一代进行进化，转至步骤2，并反复执行，直到算法终止。

IQGA 在进行量子交叉操作和变异操作的基础上，对量子门的旋转角步长进行动态调整，以提高算法收敛速度，结合量子态的干涉性和纠缠性，同时又有效避免了早熟收敛，改善了算法的寻优能力。

5.2.3 算法复杂度分析

改进算法如果在提高收敛速度的同时增加了计算的复杂度，那么这种改进可能是无效的。本节对 IQGA 在量子门旋转角、交叉操作、变异操作等几方面的复杂度进行评价。

假设待优化 VRP 问题的种群规模表示为 S，迭代次数表示为 N，车辆数目表示为 n，客户数目表示为 m，交叉概率表示为 S_c，变异概率表示为 S_n，则问题规模（染色体编码的长度）表示为 $m*n$，按照本节所提步骤执行如下：

（1）把种群从量子比特群转换为表示成二进制形式的种群，则计算的复杂度是 $O(S*m*n)$；

（2）把二进制形式的种群转换为十进制形式的种群，则计算的复杂度是 $O(S*m*n)$；

（3）染色体的适应度函数计算过程的时间复杂度是 $O(S*m*n)$；

（4）选择操作对应的时间复杂度是 $O(S^2)$；

（5）交叉操作对应的时间复杂度是 $O(S_c*S*m^2*n^2)$；

（6）变异操作对应的时间复杂度是 $O(S_n*S*m*n)$；

（7）对下一代进行进化对应的时间复杂度是 $O(S+s)$；

（8）动态调整量子门旋转角的时间复杂度是 $O(S*m^2*n^2)$。

根据上述分析，IQGA 的时间复杂度可表示成如下形式：

$$O(S,N,n) = 3*N*O(S*m*n) + N*O(S^2) + N*O(S_c*S*m^2*n^2) +$$
$$N*O(S_n*S*m*n) + N*O(S+s) + N*O(S*m^2*n^2)$$
$$\approx N*O(S*m^2*n^2)$$

通过计算表示可知，IQGA 的时间复杂度与问题规模 $m*n$ 的平方成正比，这与已知一般 QGA 时间复杂度的量级相同，即改进量子遗传算法的复杂度未增加。

5.2.4 实验及分析

使用文献[29]中的有 20 个运输任务点（编号分别为 1,2,…,20）的模型，其中设待服务区域近似为一个边长约为 30km 的正方形，内部有配送中心与 20 个客户点，其中每个客户点需求的货物重量均不超过 2t。配送中心能够提供服务的车辆数目是 5 辆，每辆车的最大载货重量不能超过 8t，正常情况下，每辆车的平均速度为 50km/小时。配送中心坐标、20 个客户点的坐标及每个客户点的货物需求量均随机生成，具体数据如表 5.1 所示。其中 $[ET_i, LT_i]$ 表示每个任务的执行时间域，即时间窗。

表 5.1 实验数据

序号	坐标/km	需求量/t	时间域$[ET_i, LT_i]$
0	14.5,13.0	0	[0,0]
1	11.2,7.5	0.2	[4.5,10.2]
2	18.2,3.5	0.3	[1.6,5.8]
3	16.5,18.6	1.3	[4.6,10.3]

续表

序号	坐标/km	需求量/t	时间域$[ET_i, LT_i]$
4	17.9,14.1	1.6	[5.2,9.7]
5	16.5,12.6	0.7	[3.4,8.6]
6	4.9,10.7	1.2	[6.8,12.5]
7	11.5,8.8	1.8	[7.6,12.6]
8	8.8,9.6	0.5	[0.8,5.9]
9	11.8,4.1	1.4	[2.4,6.6]
10	13.4,7.6	0.4	[2.5,8.0]
11	5.9,15.8	1.0	[4.3,11.2]
12	13.9,3.4	1.2	[3.8,9.4]
13	2.8,9.6	1.4	[0.0,5.6]
14	18.3,12.0	1.8	[5.2,11.6]
15	7.6,1.8	1.6	[2.1,6.1]
16	0.6,3.8	1.2	[6.5,11.3]
17	12.3,20.7	1.4	[7.8,13.6]
18	12.9,17.1	1.5	[7.0,11.4]
19	6.2,5.9	1.8	[6.5,10.7]
20	7.4,13.2	1.6	[6.2,12.3]

文献[29]提出的混合遗传算法中涉及的具体实验数据为：$G=1000$ 表示最大进化代数；$f=20$ 表示编码长度，$N=30$ 表示种群规模，交叉概率和因子突变概率分别为 0.95 和 0.05。提出的改进量子遗传算法中涉及的具体实验数据为：最大进化代数为 $G=1000$，种群规模为 $N=100$，编码长度为 $f=20$，$c_1=c_2=2$，车辆的服务超过时间窗的单位惩罚系数为 $P_e=P_l=50$（P_e 表示提前惩罚系数，P_l 表示拖后惩罚系数）。对问题随机进行 10 次求解，从实验结果可以看出 IQGA 在 300 步以内都能够得到近似最优解，平均总里程的分布为 122.6km，明显低于一般 QGA 的平均值——140.4km，比 QGA 要少约 12.7%，而一般 GA 的最大配送里程超过 158km。

改进量子遗传算法（IQGA）与一般量子遗传算法（QGA）及遗传算法（GA）在配送距离最优解的比较如表 5.2 所示。

表 5.2 不同算法配送距离最优解的比较　　　　　单位：km

序号	IQGA	QGA	GA
1	128.6	145.6	155
2	119.2	136.8	146.2
3	122.5	140.3	149.7
4	132.1	148.8	158.2

续表

序号	IQGA	QGA	GA
5	122	138.9	148.3
6	123.4	140.8	150.2
7	110.7	133.9	143.3
8	126.2	142	151.4
9	123	140.8	150.2
10	118.5	136.3	145.7
平均值	122.6	140.4	149.8

从客户点的计算量分析可以知道,使用IQGA第一次搜索得到最终解决方案的迭代次数为164,这个值略低于一般QGA的迭代次数170,而仅是遗传算法的39.8%。改进量子遗传算法(IQGA)与一般量子遗传算法(QGA)及遗传算法(GA)在迭代次数的比较如表5.3所示。

表5.3 不同算法迭代次数的比较

序号	IQGA	QGA	GA
1	165	171	413
2	152	158	400
3	156	162	404
4	164	170	412
5	151	157	399
6	166	172	414
7	211	217	459
8	142	148	390
9	139	145	387
10	202	208	450
平均值	164	170	412

实验计算结果表明,IQGA不但能够在较短的时间内收敛到最优解和避免早熟,而且无论从配送距离最优解的获取还是从迭代次数的大小方面,IQGA的值优于QGA,明显好于一般GA,也验证了IQGA在求解VRPTW问题的优越性。

5.3 VRPTW的混合量子粒子群算法研究

5.3.1 量子粒子群优化算法

量子粒子群优化算法是在一般粒子群算法的基础上引入量子理论的一种改进优化算法。这种算法涉及更少的参数,并且有较快的计算速度。量子粒子群算法

在量子空间中对粒子进行了定义,这个量子空间由概率密度函数决定,粒子的运动状态由波函数 $\psi(x)=1/\sqrt{L}\exp(-\|p-x\|/L)$ 代替了粒子的速度矢量和位置矢量表示。通过薛定谔方程求解的波函数的概率密度函数为:

$$|\psi(x)|^2 = 1/L\exp(-2\|p-x\|/L) \tag{5.46}$$

其中,L 表示粒子的搜索范围。通过蒙特卡罗方法把量子状态转换为普通状态,粒子更新方程可表示如下:

$$\begin{cases} p_t = \dfrac{a*p\text{best}_t + b*g\text{best}_t}{a+b} \\[2mm] m\text{best}_t = \dfrac{\sum\limits_{r=1}^{M} p\text{best}_t(r)}{M} \\[2mm] x_{t+1} = p_t \pm \beta * |m\text{best}_t - x_t| * \ln\dfrac{1}{u} \end{cases} \tag{5.47}$$

式(5.47)中的 p_t 代表位于 $p\text{best}_t$ 和 $g\text{best}_t$ 所限制区间内的随机位置矢量;$p\text{best}_t(r)$ 代表被第 $r(1\leqslant r\leqslant M)$ 个粒子搜索到的位置矢量最优值;$m\text{best}_t$ 代表所有粒子位置矢量的全局平均最优值,M 代表粒子群数目,t 代表迭代次数;β 代表用于控制算法收敛速度的创意系数能力,a、b、u 均表示位于区间(0,1)的随机数。位于区间(0,1)的随机数决定了迭代过程±符号,即如果随机数大于 0.5,则选择正号"+",如果随机数不大于 0.5,选择负号"-"。

量子粒子群优化算法的收敛速度仅由 β 控制,并且算法的收敛概率为 1,β 对不同的优化问题都起到关键作用,文献[33]提出了一种调节 β 的表示方法:

$$\beta_r = \frac{\max(F) - F_r}{\max(F)} + 0.5 \tag{5.48}$$

式(5.48)中的 F_r 表示第 r 个粒子的目标函数,而 $\max(F)$ 表示所有种群范围内最大的目标函数值。这种表示方法实现了 β 的取值随粒子与 $g\text{best}$ 的间距反向增长或缩小。

量子粒子群算法的运算步骤如下:

步骤 1:对种群进行初始化,并生成粒子个体空间中的位置和速度;

步骤 2:计算种群内所有粒子的目标函数值,$p\text{best}$ 是自身位置,$g\text{best}$ 是目标函数值最小的粒子位置;

步骤 3:对 $m\text{best}$ 进行计算,并更新粒子位置;

步骤 4:对所有粒子的目标函数进行计算,同时对 $p\text{best}$、$g\text{best}$ 进行更新;

步骤 5:对是否满足终止条件进行判断,若满足,则转到步骤 6,否则转到步骤 3;

步骤 6:对 $g\text{best}$ 及与之相应的目标函数值进行输出,并终止算法。

在迭代过程中使用量子粒子群算法所涉及的参数要小于一般粒子群算法的参数,不仅如此,量子粒子群算法的计算速度也远快于一般粒子群算法,而且它还具有很强的全局寻优能力。虽然量子粒子群算法具有上述优点,它却存在着后期由于种群的多样性丢失而导致的陷入收敛于局部最优解等缺点。针对量子粒子群算法的缺点和优化变量的特性,考虑优化时将组成粒子位置的优化变量分为几个子相粒子群,每个子相粒子群在不同搜索方向上搜索到最优点,并用此最优点来更新本相粒子的速度。同时在主相粒子群的各个阶段搜寻全局最优解用以更新粒子速度、优化高维搜索空间及克服粒子群易陷入局部最优解的缺点。

5.3.2 粒子编码

使用自然数对粒子进行编码。有时间窗的车辆路径问题由长度为$(n+1)$维的粒子组成(n表示客户数量),第$(n+1)$维存储最优解的位置,例如$n=7$,粒子表示为$(4,6,7,2,3,5,1,x)$,其含义是:车辆从配送中心 0 出发,经过任务点(客户点) 4,6,7,2,3,5,1 后返回配送中心,形成一条路径。如果问题包含m个客户n辆车,则粒子的位置由$(m+n-1)$维向量表示,粒子的第i维分量$(1 \leqslant i \leqslant m+n-1)$对应于第$i$个客户(其中$m+1$到$m+n-1$个客户点表示配送车场),按照从小到大的顺序排列配送路径所对应的分量。假设某问题中存在 4 个客户和 3 辆配送车辆,粒子的向量位置分别为$(0.13,0.86,0.22,0.48,0.25,0.19)$,第一维向量为 0.13 对应于第一个客户,第二维向量为 0.86 对应于第二个客户,第三维向量为 0.22 对应于第三个客户,第四维向量为 0.48 对应于第四个客户,第五维向量和第六维向量对应于配送车场,排序后向量表示为$(0.13,0.19,0.22,0.25,0.48,0.86)$,对应粒子路径为 1-6-3-5-4-2,即第 1 辆车路径为 1,第 2 辆车路径为 3,第 3 辆车路径为 4、2。

5.3.3 评价函数的计算

根据 VRP 特点决定的编码方法,暗示了需要满足每个客户点的需求,并且每个客户点只能被一辆车服务的约束条件,但是不能保证下列约束条件:

(1) 每条配送路径上客户需求总量不能超过车辆的最大载重量,并且任何一条配送路径的总距离不能超过每辆车能够行驶的最大里程。

(2) 车辆到达客户点的时间域必须满足软时间窗的约束。

基于上述考虑,有必要根据每个粒子判断待执行的路径方案是否满足上述约束条件(1),如果不满足,则该路径方案不可行;最后对目标函数值进行计算。对某一特定的粒子来说,设O_j表示目标函数,N_j表示方案中不可行路径的条数(当$N_j=0$时,意味着对应于一个可行的解决方案),V_j表示评价函数,公式描述如下:

$$V_i = \frac{1}{O_j + N_j} \quad (5.49)$$

通过式(5.49)可知,配送方案的判断标准除了要满足所提约束条件,还应该对目标函数值进行计算。

5.3.4 混合量子粒子群算法计算步骤

为了避免在搜寻过程中量子粒子群陷入局部最优解,本书在原有粒子群的基础上创建了两个子相量子粒子群的混合量子粒子群算法(Hybrid Quantum Particle Swarm Algorithm,HQPSA)。子相量子粒子群开始时在相反的方向以不同的速度进行局部寻优,而主相量子粒子群粒子速度的更新借助于当前被所有子相搜索到的全局最优点。实现的具体步骤如下。

步骤1：对粒子群的规模(粒子的数目)、惯性权值、加速系数、压缩因子、所有粒子的初始位置和初始速度、允许的最大迭代次数、粒子群的子相数目及每个相的滚动优化结束指标和计数器等进行初始化。

步骤2：根据目标函数对每个粒子的初始适应值进行评价、对每个粒子的初始个体历史最优位置以及个体最优适应值进行保存,同时对初始全局历史最优位置以及最优适应值进行保存。

步骤3：优化第i个子相粒子,这部分的计算与一般的量子粒子群算法是相同的。

步骤4：对i超过粒子群相数与否进行判断,如果超过,则$i=0$,并转到步骤5。否则,使$i=i+1$,然后转到步骤3。

步骤5：算法是否满足终止条件,如果不满足,则转到步骤3,并继续优化；否则,如果适应值的误差已经达到设定的适应值误差限或者整个算法的迭代次数超过允许的最大迭代次数,则算法终止,同时输出全局历史最优适应值和最优位置。

如图5.3所示为混合量子粒子群算法的流程图。

5.3.5 仿真实验及分析

为便于与5.4节所提改进量子遗传算法(IQGA)进行比较,仍然使用文献中的模型,此模型中有20个运输任务点(编号分别为1,2,…,20)。假设待服务区域近似为一个边长约为30km的正方形,内部有配送中心与20个客户点,其中每个客户点需求的货物重量均不超过2t。

对问题随机进行10次求解,从实验结果(见表5.4)中可以看出,HQPSA在10次求解结果中都能够得到近似最优解,平均总里程的分布为114.4km,低于IQGA的平均值122.6km,比IQGA少约6.7%,而QPSO的最大配送里程超过146km。

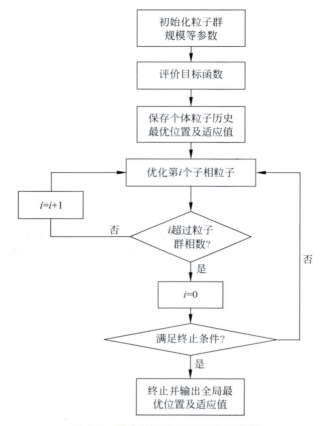

图 5.3　混合量子粒子群算法流程图

表 5.4　不同算法配送距离最优解的比较　　　　　单位：km

序号	HQPSA	IQGA	QPSO
1	120.2	128.6	143.1
2	110.2	119.2	134.7
3	115.3	122.5	138.2
4	123.2	132.1	146.3
5	113.4	122	136.5
6	115.8	123.4	138.6
7	102.7	110.7	130.4
8	118.3	126.2	140.9
9	115	123	137.3
10	110.2	118.5	135.2
平均值	114.4	122.6	138.1

混合量子粒子群算法(HQPSA)与改进量子遗传算法(IQGA)以及一般量子粒子群算法(QPSO)在配送距离最优解的比较如表 5.4 所示。从客户点的计算量分析(见表 5.5)可以知道,使用 HQPSA 搜索得到最终解决方案的迭代次数平均为 153,这个值低于 IQGA 的迭代次数 164,是 QPSO 的 88.4%。

混合量子粒子群(HQPSA)与改进量子遗传算法(IQGA)以及一般量子粒子群算法(QPSO)在迭代次数的比较如表 5.5 所示。

表 5.5 不同算法迭代次数的比较

序号	HQPSA	IQGA	QPSO
1	150	165	171
2	143	152	162
3	139	156	166
4	155	164	170
5	140	151	165
6	153	166	167
7	201	211	220
8	128	142	147
9	129	139	151
10	190	202	209
平均值	153	164	173

从上述数据的对比可以得出结论:在解决带时间窗的车辆路径问题中,使用混合量子粒子群算法(HQPSA)会在很短的时间内用更少的迭代次数得到近似最优解,并且配送距离最优解优于 IQGA 和 QPSO。HQPSA 通过各子相粒子群在各个方向搜索最优值从而避免早期收敛。从更进一步的实验结果可以知道:主相粒子群的数目是 1,子相粒子群合适的数目介于 2~4,混合量子粒子群算法不仅能快速收敛,而且避免了易停滞于局部最优解的缺点。综上所述,在参数(种群规模)大致相同的情况下,混合量子粒子群算法(HQPSA)要优于改进量子遗传算法和一般量子粒子群算法。

5.4 本章小结

结合冷链配送调度问题,本章提出了改进的量子遗传算法和混合量子粒子群优化算法。改进的量子遗传算法提出对量子门旋转角进行动态调整设计,其能够在较短的时间内收敛到最优解和避免早熟。HQPSA 在总结比较 IQGA 和一般量子粒子群算法的基础上,根据优化变量的特征,将量子粒子群分成几个子相粒子群。仿真计算结果表明,这种算法具有使用更少的参数,运算更简单,在较短时间内能够快速收敛得到满意解的优点,该算法不但避免了易于陷入局部最优解和早熟收敛的缺点,而且所提的算法可提高在高维搜索空间的收敛可靠性以及收敛速度,是一种解决带时间窗车辆路径问题的有效方法,HQPSA在种群规模大致相同的情况下,要优于IQGA。

第6章

云计算模式下的不确定需求物流调度问题

实际中的车辆路径选择存在许多不确定因素,例如客户需求、运输需求、路径制定者的主观认知、交通路况及车况等,这些信息的变化都需要调度管理员借助调度系统在短时间内对更新的信息作出准确快速的响应,并修改生成新的路径规划方案。

6.1 不确定需求车辆路径问题描述

不确定需求车辆路径问题(VRP with Uncertain Demands,VRPUD)的目标通常基于多个阶段,其目标函数相对静态问题是复杂的。具有不确定需求的 VRPUD 可描述为:假设某运输网络系统由 1 个车场和 m 个客户点组成,分别表示为 $0、1、2、\cdots、m$;车辆离开车场后,对 $n(n \leqslant m)$ 个客户点进行服务,之后再返回车场。根据客户需求的不同,将其分为确定性需求客户和不确定性需求客户。当客户需求不变时,运输网络是 SVRP;当客户需求改变时,则调度系统对已制定的路径计划进行修改,如图 6.1 所示为不确定需求运输网络。

实际应用中,VRPUD 的目标是求解合适的车辆调度方案以满足客户(尤其是不确定客户)的需求,使车辆运输成本保持最低,使不确定信息能得到快速处理,因此求解策略的选择通常按照时间优先的原则。选取局部优化策略,即根据原有信息制定静态路径,当客户需求发生变化时,用局部方法改进已制定路径。此类问题可转换为:①车辆分配问题,客户需求被分配到哪辆车;②路径优化的问题,针对不同客户,如何安排合理的路线使在满足不同客户需求的同时,保证运输总成本最低。

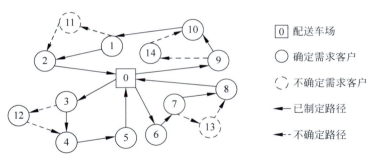

图 6.1 不确定需求运输网络

6.2 不确定需求物流调度问题分析

6.2.1 模糊需求量描述

设 C 表示每台配送车的运输能力,模糊数 T 表示每个客户点的需求量,c_{ij} 表示客户点 i 与客户点 j 之间的距离,求满足运输需求费用最小的车辆行驶路线。解决问题的目标是使运输车队数量和运输行驶距离最小化。其中,表示客户点不确定需求量的模糊数 T 可表示为 $T=(t_1,t_2,t_3)$,模糊需求量表示如图 6.2 所示,t_1 和 t_3 分别代表模糊数 T 的左边界和右边界,t_2 表示隶属度为 1 的点。

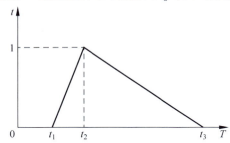

图 6.2 模糊需求量表示

模糊数用隶属度函数 $\mu T_{ij}(t)$ 表示为

$$\mu T_{ij}(t)=\begin{cases} 0 & t \leqslant t_1 \\ (t-t_1)/(t_2-t_1) & t_1 \leqslant t < t_2 \\ (t_3-t)/(t_3-t_2) & t_2 \leqslant t < t_3 \\ 0 & t \geqslant t_3 \end{cases} \quad (6.1)$$

对某确定客户点的模糊需求量 $T_i=(t_{1i},t_{2i},t_{3i})$,如果配送车辆在对 k 个客户点完成服务后,其载货量 $T'_k=\sum_{i=1}^{k}T_i$,车辆的空余载货量表示为 $Q_k=C-T'_k$,即

$$Q_k = \left(C - \sum_{i=1}^{k} t_{3i}, C - \sum_{i=1}^{k} t_{2i}, C - \sum_{i=1}^{k} t_{1i}\right)$$ 。当车辆空余载货量越大,下一客户点 ($k+1$) 的需求量越小时,下一客户点能够被该车辆继续服务的概率才越大。若用 S 表示下一客户点需求量小于车辆空余载货量的概率,则此概率也是模糊数,即

$$S = \text{pos}\{T_{k+1} \leqslant Q_k\} = \sup\{\min[\mu_{T_{k+1}}(t), u_{Q_k}(t')] | t \leqslant t'\}$$

$$= \begin{cases} 1, & t_{2,k+1} \leqslant q_{2k} \\ \dfrac{q_{3k} - t_{1,k+1}}{(q_{3k} - q_{2k}) + (t_{2,k+1} - t_{1,k+1})}, & t_{2,k+1} \geqslant q_{2k}, t_{1,k+1} \leqslant q_{3k} \\ 0, & t_{1,k+1} \geqslant q_{3k} \end{cases} \quad (6.2)$$

式(6.2)中,q_{2k} 表示隶属度为 1 时的空载量,q_{3k} 表示模糊数 T 右边界的空载量,S 越小,该车辆继续服务下一客户点的可能性会越小,当 S 小于下一客户点需求量的临界值时,则需要增派新的车辆完成服务任务。

6.2.2 VRPUD 模型描述

根据配送需求和目标的不同,车辆路径问题的调度可分为企业利益最大化和客户满意度最大化两种模型。企业利益最大化是指在满足客户基本需求的同时,最小化车辆的运行成本,即首先考虑车辆路径最短;客户满意度最大化是指首先考虑最大化地满足客户的需求,其次考虑车辆路径最短。

对于第一类模型,根据客户类型的不同,有选择地对其进行服务:必须在规定的时间内被服务的客户为 A 类客户(最重要客户),需要满足硬时间窗要求的客户为 B 类客户(较重要客户),可以满足软时间窗要求的客户为 C 类客户(一般客户)。车辆首先对 A 类客户进行服务,当对 B 类和 C 类客户服务时,考虑将车辆的运行成本最小化,使企业效益曲线作用于客户满意度曲线,第一类模型作用函数(C 类客户)如图 6.3 所示。

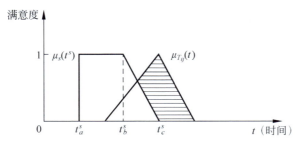

图 6.3 第一类模型作用函数(C 类客户)

图 6.3 中 t_a^s 表示预约服务最早开始时间,t_b^s 表示预约服务最晚时间,t_c^s 表示超过预约最晚时间的某边界值,左边的曲线表示客户 s 的满意度函数 $\mu_s(t^s)$,右边

三角形曲线表示模糊需求量隶属度函数 $\mu_{T_{ij}}(t)$，t_a^s 和 t_b^s 之间表示客户的期望服务时间区间，在此区间内，客户的满意度最大（为1）。t_b^s 和 t_c^s 之间表示超过期望服务时间区间进入可忍耐时间区间，在此区间，客户满意度呈现下滑趋势直至降为0。阴影部分表示车辆运行成本：$\int \max\{\mu_s(t^s) - \mu_{T_{ij}}(t), 0\} dt$，此模型表示为：

$$\min \int \max\{\mu_s(t^s) - \mu_{T_{ij}}(t), 0\} dt \tag{6.3}$$

图 6.3 表示第一类模型以降低部分客户满意度为代价来实现车辆路径最短，即车辆运行成本最低。

对于第二类模型，当车辆运行成本最小化目标曲线与 B 类或 C 类客户的满意度最大化目标曲线发生作用时，优先考虑客户满意度的最大化，第二类模型作用函数（B 类客户）如图 6.4 所示。

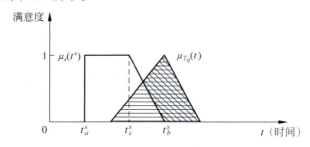

图 6.4　第二类模型作用函数（B 类客户）

第二类模型中的左侧的线条阴影区域表示车辆运行成本最小化曲线和客户满意度最大化曲线的共同作用，表示为 $\int \min\{\mu_s(t^s), \mu_{T_{ij}}(t)\} dt$；右边的网格阴影区域表示模糊需求量隶属度函数 $\int \mu_{T_{ij}}(t) dt$。

车辆最大化客户满意度的数学表示为：

$$\max \frac{\int \min\{\mu_s(t^s), \mu_{T_{ij}}(t)\} dt}{\int \mu_{T_{ij}}(t) dt} \tag{6.4}$$

6.3　不确定需求物流调度问题数学模型

本章研究的 VRPUD 包括拥有相同型号车辆的配送中心（车场）和待服务的客户集合（每个客户仅允许被一辆车服务一次）。车辆从车场出发，经过一系列服务，最终回到车场。为平衡配送中心配送资源的使用，引入最大配送时间。假设客户需求和车辆在每条路径上的行驶时间都服从正态分布。问题的规划模型分为两个阶段：静态需求优化阶段和动态实时需求优化阶段。

模型建立的符号表示如下。配送车场编号为 0；客户编号为 $1,2,\cdots,N$；配送中心车辆编号为 $1,2,\cdots,K$；i,j 表示配送车场点以及客户点 $(i,j\in\{1,2,\cdots,N\})$；车辆的最大载重量为 Q；车辆 k 从客户点 i 出发的累积载货量为 $q_{ik}(t)$ $(i=1,2,\cdots,N)$，且 $q_{ik}(t)<Q$；q_i 为客户 i 的需求量；车辆行驶的固定成本为 $F_k(k=1,2,\cdots,K)$；车辆从 i 点到 j 点的行驶时间为 $t_{ij}(i,j\in\{1,2,\cdots,N\})$；客户点 i 到客户点 j 之间的距离为 $d_{ij}(i,j\in\{1,2,\cdots,N\})$；客户点 i 到客户点 j 之间的费用为 $c_{ij}(i,j\in\{1,2,\cdots,N\})$；车辆 k 从客户点 i 到客户点 j 的运输量为 $\omega_{ijk}(k=1,2,\cdots,K;i,j\in\{1,2,\cdots,N\})$；车辆 k 在客户点 i 的服务时间为 $s_{ki}(k=1,2,\cdots,K;i=1,2,\cdots,N)$。

6.3.1 静态需求优化阶段

首先定义决策变量：

$$x_{ijk}=\begin{cases}1, & \text{车辆 }k\text{ 从客户点 }i\text{ 到客户点 }j\\ 0, & \text{其他}\end{cases}$$

$$y_{ik}=\begin{cases}1, & \text{客户 }i\text{ 的需求由车辆 }k\text{ 配送}\\ 0, & \text{其他}\end{cases}$$

若 $y_{0k}=1$，表示车辆 k 被使用，否则表示不被使用。

建立 t 时刻静态需求路径问题的数学模型如下：

$$\min Z=\sum_{k=1}^{K}\sum_{i=0}^{N}\sum_{j=0}^{N}x_{ijk}c_{ij}+\sum_{k=1}^{K}F_k\sum_{j=1}^{N}x_{0jk} \tag{6.5}$$

其中，

$$\sum_{k=1}^{K}y_{ik}=1,\quad \forall i \tag{6.6}$$

$$\sum_{j=1}^{N}x_{ijk}=y_{ik},\quad \forall i,k \tag{6.7}$$

$$\sum_{i=1}^{N}x_{ijk}=y_{jk},\quad \forall j,k \tag{6.8}$$

$$\omega_{0jk}=x_{0jk},\quad \forall j,k \tag{6.9}$$

$$\sum_{i=0}^{N}x_{ijk}(\omega_{ijk}-q_j)\geqslant 0,\quad \forall j,k \tag{6.10}$$

$$\sum x_{ijk}\leqslant |T|-1,T\subset\{1,2,\cdots,N\},\quad T\neq\varnothing,\forall k \tag{6.11}$$

上述公式中,式(6.5)表示目标函数,即最小化车辆的派出成本、运输成本;式(6.6)~式(6.11)表示约束条件,式(6.6)约束每个客户都必须被服务;式(6.7)和式(6.8)约束客户仅能被一辆车服务;式(6.9)表示刚从车场出发时,车辆是满载状态;式(6.10)表示到达任何一个客户点以前,车辆有足够货物供给该客户,即车辆载货量不能小于下一客户的需求量;式(6.11)表示消除子回路。

6.3.2 动态实时需求优化阶段

动态实时需求发生前,车辆对部分客户进行了服务。动态需求既包括老客户需求量的变化,又包括新客户需求的增加,而后者的变化对车辆路径规划方案的调整产生更大的影响。在车载量允许的情况下,将新的客户需求加入已有路径中,若该路径不在已规划路径中,则需要安排新的车辆进行服务。如果原客户需求量增加,并且超出车辆最大载重,则把该子路径上最后被服务的客户视为新客户,并对其需求进行处理,直到车载量限制被满足。如果该客户点被看作配送车场,则原来的单配送路径问题则相当于多配送路径问题。假设 W 为静态阶段未服务的客户需求与动态阶段新增加客户需求的总量,编号分别为 $1,2,\cdots,W$;M 表示作为新配送车场客户点的数量,其编号为 $N+1,N+2,\cdots,N+M$,则原来的车场编号变为 $N+M+1$,增加了 L 辆车。静态阶段配送车场出发的车辆处在第 i 个客户位置,其编号为 $W+i$;静态阶段车辆的剩余载货量为 $Q-q_{ik}(t)$。

定义决策变量:

$$x_{ijk} = \begin{cases} 1, & \text{静态阶段的车辆 } k \text{ 从客户 } i \text{ 到客户 } j \text{ 有动态需求} \\ 0, & \text{其他} \end{cases}$$

$$y_{ik} = \begin{cases} 1, & \text{客户 } i \text{ 的需求被静态阶段车辆 } k \text{ 满足} \\ 0, & \text{其他} \end{cases}$$

建立 t 时刻动态实时需求路径问题的数学模型如下:

$$\min Z = \sum_{k=1}^{K} \sum_{i=1}^{N+M+1} \sum_{j=1}^{N+M+1} c_{ij} x_{ijk} + \sum_{k=K+1}^{K+L} \sum_{i=1}^{N+M+1} \sum_{j=1}^{N+M+1} c_{ij} x_{ijk} + \sum_{k=K+1}^{K+L} F_k \sum_{j=1}^{N} x_{(N+M+1)jk} \quad (6.12)$$

其中,

$$\sum_{k=1}^{K+L} y_{ik} = 1, \quad \forall i \quad (6.13)$$

$$\sum_{j=1}^{N+M+1} x_{ijk} = y_{ik}, \quad \forall i,k \quad (6.14)$$

$$\sum_{i=1}^{N+M+1} x_{ijk} = y_{jk}, \quad \forall j,k \quad (6.15)$$

$$\omega_{(N+M+1)jk} = x_{(N+M+1)jk}, \quad \forall j,k \tag{6.16}$$

$$\sum_{i=1}^{N+M+1} x_{ijk}(\omega_{ijk} - q_j) \geqslant 0, \quad \forall j,k \tag{6.17}$$

$$\sum x_{ijk} \leqslant |T| - 1, T \subset \{1,2,\cdots,N\}, \quad T \neq \varnothing, \forall k \tag{6.18}$$

上述公式中,式(6.12)表示目标函数,包括需求未发生改变前,车辆对静态阶段未完成服务客户的运输成本和动态阶段新增加客户的运输成本,动态阶段新增加车辆的运输成本和派车成本;式(6.13)~式(6.18)表示约束条件,式(6.13)约束每个客户都必须被服务;式(6.14)和式(6.15)约束每个客户仅能被一辆车服务;式(6.16)表示刚从车场出发时,车辆是满载状态;式(6.17)表示到达任何一个客户点以前,车辆有足够货物供给该客户,即车辆载货量不能小于下一客户的需求量;式(6.18)表示消除子回路。

6.4 云遗传算法

6.4.1 云遗传算法组成要素

基于云理论的遗传算法(Cloud Theory-based Genetic Algorithm,CGA)(下文用"云遗传算法")就是在传统遗传算法中结合了云模型理论,用实数进行编码,通过云模型的 Y 条件云发生器实现遗传算法的交叉操作,通过正态云发生器实现遗传算法的变异操作的算法。云遗传算法借助云理论的随机性和稳定倾向性,避免了搜索陷入局部极值和准确地定位全局最值,其求解过程中包含的要素说明如下。

1. 编码

VRPUD 问题涉及车辆分配问题和路径优化问题,这两个问题相互制约。例如,将相同重量和体积的货物分配给不同车辆时,由于车辆型号和选择路径的不同,会使同量货物的配送时间不同,进而影响整个配送的周期和成本。因此,这两个问题在进行编码设计时需要同时考虑,本章设计的染色体由两部分构成。

$$I = \begin{bmatrix} \lambda \\ \mathbf{N} \end{bmatrix} = \begin{bmatrix} j_1 & j_2 & \cdots & j_J \\ n_{j_1} & n_{j_2} & \cdots & n_{j_J} \end{bmatrix}$$

其中,λ 为满足时序约束全部配送任务排列的货物列表;$\mathbf{N}$ 为车辆分配列表,表示货物列表的每一个货物对应的配送模式组成的向量。

2. 适应度函数

适应度函数是评价个体优劣的函数,用以指导遗传算法进化搜索过程中的搜索方向,适应度值高的个体通过较大概率遗传到下一代种群。问题的目标函数通过式子 $f_i = 1/(v_i + V_1)$ 转换为适应度函数,v_i 为个体 i 对应的加工成本,V_1 为提前/延期惩罚系数。

3. 选择

设 f_i 是个体 i 的目标值，$\bar{f}$ 是种群平均目标值，则个体适应度值表示为 $F_i = (\bar{f}/f_i)^2/\bar{f}$。本章使用最佳个体保存策略和轮盘赌方式相结合的方法生成子种群，即上代种群适应度值最大的 10% 的个体无须进行交叉和变异操作而直接进入下代种群；其他个体经云遗传算法生成交叉算子 p_{cr} 和变异概率 p_{mt}，通过交叉和变异操作生成下代种群。

4. 交叉

云遗传算法交叉算子生成步骤如下。

步骤 1：将参与交叉操作的两个个体分别表示为父体 I^F 和母体 I^M。

$$I^F = \begin{bmatrix} \lambda^F \\ N^F \end{bmatrix} = \begin{bmatrix} j_1^F & j_2^F & \cdots & j_J^F \\ n_{j_1}^F & n_{j_2}^F & \cdots & n_{j_J}^F \end{bmatrix} \quad I^M = \begin{bmatrix} \lambda^M \\ N^M \end{bmatrix} = \begin{bmatrix} j_1^M & j_2^M & \cdots & j_J^M \\ n_{j_1}^M & n_{j_2}^M & \cdots & n_{j_J}^M \end{bmatrix}$$

步骤 2：选取两个随机整数 q_1 和 q_2，是满足 $1 \leqslant q_1、q_2 \geqslant 1$，在此基础上生成两个子个体。

步骤 3：生成 I^D，对于 I^D 的货物列表 λ^D，其前 q_1 个位置由母个体 I^M 的前 q_1 个位置决定，其他位置由父个体的 λ^F 决定。

步骤 4：对于 I^D 的车辆资源分配列表 N^D，其前 q_2 个位置由母个体 I^M 的前 q_2 个位置决定，其他位置由父个体的 N^F 决定。同理，父体和母体交互生成另外子个体 I^T。下面举例说明交叉算子的生成，取 $q_1=6, q_2=3$：

$$I^F = \begin{bmatrix} 7 & 6 & 2 & 8 & 3 & 5 & 9 & 1 & 4 \\ 3 & 2 & 1 & 2 & 3 & 2 & 4 & 1 & 4 \end{bmatrix} \quad I^M = \begin{bmatrix} 6 & 4 & 1 & 5 & 8 & 2 & 7 & 3 & 9 \\ 3 & 4 & 2 & 3 & 1 & 4 & 2 & 1 & 2 \end{bmatrix}$$

进行交叉操作生成子个体分别为：

$$I^D = \begin{bmatrix} 6 & 4 & 1 & 5 & 8 & 2 & 7 & 3 & 9 \\ 3 & 4 & 2 & 2 & 3 & 2 & 3 & 3 & 4 \end{bmatrix} \quad I^T = \begin{bmatrix} 7 & 6 & 2 & 8 & 3 & 5 & 4 & 1 & 9 \\ 3 & 2 & 1 & 1 & 1 & 3 & 4 & 2 & 2 \end{bmatrix}$$

5. 变异

变异操作包括两种方式：交换式和插入式。交换式变异是指交换货物列表的不同货物，若交换后不满足关系约束条件，则换回到原来的位置，进入下一次交换。插入式变异是指首先计算变异算子的所有前置货物在货物列表中的最后位置 lc_1 和所有后继货物在货物列表中的最前面位置 lc_2，其次在 lc_1 和 lc_2 中随机选取位置 lc，将此算子插入 lc 的位置。插入式变异是使用比较多的变异方式，个体变异步骤如下。

步骤 1：对个体 I 中的货物列表 λ 中的每个货物 j_i 按照概率进行变异，按插入式变异方式进行算子的位置变换。

步骤 2：对个体 I 中的车辆资源列表的每辆车分配 n_{j_i}，为该位置对应的货物随机从 N_i 中分配满足需求的车辆。

6.4.2 云遗传算法操作

云遗传算法的基本步骤为：

步骤 1：初始化种群。

步骤 2：计算适应度值。

步骤 3：选择操作。

步骤 4：交叉操作。

① 随机生成或指定确定度 μ；

② $E_x = \dfrac{F_f}{F_f + F_m} x_f + \dfrac{F_m}{F_f + F_m} x_m$；

③ $E_n = $ 变量搜索范围$/C_1$；

④ $H_e = E_n / C_2$；

⑤ 通过 Y 条件云发生器生成一对子女。

步骤 5：变异操作：

① E_x 取原个体；

② $E_n = $ 变量搜索范围$/C_3$；

③ $H_e = E_n / C_4$；

④ 用正态云发生器生成 μ，并生成随机数 rand，当 $\mu >$ rand 时，更新个体。

步骤 6：判断停止条件是否满足，若未满足，则转至步骤 2。

上述步骤中的 x_f 和 x_m 分别表示交叉操作父代个体，F_f 和 F_m 分别对应父代个体的适应度。这意味着交叉操作的 E_x 由父代双方按适应度的大小加权确定，并向适应度大的一方靠拢。

基于云理论的遗传算法流程图如图 6.5 所示。

6.4.3 云自适应遗传算法

基于云理论的自适应遗传算法（Cloud Theory-based Adaptive Genetic Algorithm，CAGA）（下文称"云自适应遗传算法"）是为了弥补传统遗传算法存在早熟收敛和易陷入局部最优的缺点，在遗传算法的基础上引入云理论，利用云模型云滴的随机性和稳定倾向性的优点，由云模型的 X 条件发生器根据适应度函数值的大小自适应产生交叉和变异概率。

1. 云交叉算子

在种群的进化过程中，假设两个父代个体的适应度分别表示为 f_a 和 f_b，父

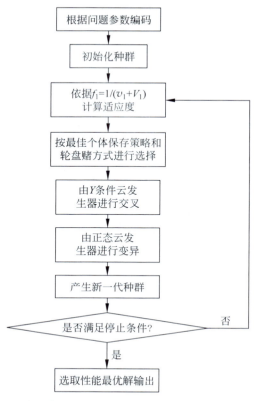

图 6.5 基于云理论的遗传算法流程图

代种群的最大适应度表示为 $F_{\max}$，最小适应度表示为 $F_{\min}$，则存在实数 p_{cr} 满足：

$$p_{\mathrm{cr}} = \begin{cases} t_1 \mathrm{e}^{\frac{-(f-\bar{f})^2}{2y^2}}, & f \geq \bar{F} \\ t_2, & f < \bar{F} \end{cases} \quad (6.19)$$

称 p_{cr} 为云交叉算子(Cloud crossover operator)。式(6.19)中 t_1、t_2 和 $\bar{F}$ 均为常数，$\bar{f}=(f_a+f_b)/2$，y 是关于 $F_{\max}$ 和 $F_{\min}$ 的一个正态随机数。

云交叉算子同时具有适应性和随机性的特点。交叉算子的产生始终以父代个体的平均适应度为基准而变化，虽然基准线保持相对稳定，但却随正态随机数 y 的变化而变化。结合 Y 条件云发生器和遗传算法的特征，云交叉算子的算法如下：

步骤 1：计算父代个体适应度的均值 E_x，记为 $E_x=(f_a+f_b)/2$。

步骤 2：以 E_n 为期望值，以 H_e 为标准差，生成一个正态随机数 E_n'。

其中，$E_n = m_1(F_{max} - F_{min})$，$H_e = n_1 E_n$，$m_1$ 和 n_1 表示控制系数。

步骤3：根据式(3.19)计算云交叉算子 $p_{cr} = \begin{cases} t_1 e^{\frac{-(f-E_x)^2}{2E_n'^2}}, & f \geq \overline{F} \\ t_2, & f < \overline{F} \end{cases}$。

此处的常数 $\overline{F}$ 表示父代种群适应度的平均值，$f = \max(f_a, f_b)$。

2. 云变异算子

变异算子可以保证种群的多样性和提高算法的寻优能力，在种群进化过程中，假设单个父代个体的适应度表示为 f_a，父代种群的最大适应度表示为 F_{max}，最小适应度表示为 F_{min}，则存在实数 p_{mt} 满足：

$$p_{mt} = \begin{cases} s_1 e^{\frac{-(f-f_a)^2}{2y^2}}, & f \geq \overline{F} \\ s_2, & f < \overline{F} \end{cases} \qquad (6.20)$$

称 p_{mt} 为云变异算子(Cloud mutation operator)。式(6.20)中 s_1、s_2 和 $\overline{F}$ 均为常数，y 是关于 F_{max} 和 F_{min} 的一个正态随机数。

云变异算子的稳定倾向性由 f_a、F_{max} 和 F_{min} 三个参数所决定，结合正态云发生器和遗传算法的特征，云变异算子的算法如下：

步骤1：设单个父代个体适应度的均值 E_x，记为 $E_x = f_a$。

步骤2：以 E_n 为期望值，以 H_e 为标准差生成一个正态随机数 E_n'。

步骤3：根据式(5.20)计算云变异算子 $p_{mt} = \begin{cases} s_1 e^{\frac{-(f-E_x)^2}{2E_n'^2}}, & f \geq \overline{F} \\ s_2, & f < \overline{F} \end{cases}$。

此处的常数 $\overline{F}$ 表示父代种群适应度的平均值。

基于云模型理论的遗传算法的关键是用云交叉、变异算子和云发生器对遗传算法的交叉和变异算子进行改进，这可以提高传统遗传算法的收敛速度和改善解搜索的效果。

云自适应交叉概率 p_{cr} 和变异概率 p_{mt} 如图6.6所示。

3. 云自适应遗传算法操作

云自适应遗传算法的步骤为：

步骤1：随机产生 n 个个体组成初始种群，并初始化 p_{cr} 和 p_{mt}。

步骤2：对每个个体的适应度进行求解，并根据式(6.19)和式(6.20)自适应调整 p_{cr} 和 p_{mt}。

步骤3：采用最优保留策略进行选择操作。

步骤4：进行交叉算子和变异算子操作，得到子代种群。

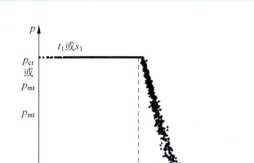

图 6.6　云自适应交叉概率 p_{cr} 和变异概率 p_{mt}

步骤 5：进行适应度值的搜索，并判断是否有个体更新，如果连续 30 代内没有更新，则使种群数目增加一倍。

步骤 6：判断算法停止条件是否满足，如果满足，则输出最佳个体，否则执行步骤 2。

4. 基于 AHP 的决策策略

基于 CAGA 的 VRPUD 优化获得一组非支配解集后，还需要决策者从解集中选择出最满意调度方案。本书采用层次分析法（Analytic Hierarchy Process，AHP）进行 Pareto 解的选择，以获得最满意调度方案，该方法结合了定性和定量分析，具有决策时间短、需要前期信息量少等优点。通过 AHP 将复杂的 VRPUD 分解为几个层次，通过对最底层的调度方案的对比，获取各种调度因素的权重，在此基础上计算出各方案对总目标的权数，选择权数最大的方案作为最终方案。

AHP 的层次自上而下包括总目标层、子目标层以及方案层。总目标层是解决 VRPUD 问题的总体目标；子目标层包括了诸如最小化运输成本、最小化派出成本、最小化总里程和最大化客户满意度等子目标；方案层是基于求解算法获取的一组非支配解集。本书基于 CAGA 来求解。VRPUD 调度决策的 AHP 层次结构如图 6.7 所示。

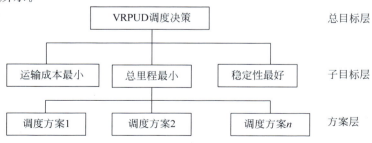

图 6.7　VRPUD 调度决策的 AHP 层次结构

6.5 数据分析与仿真验证

为了检验所提出方法的性能,本书设计包括 1 个配送车场、4 个动态需求客户和 21 个静态需求客户的仿真实验,配送区域为 50km×50km 的区域。动态客户点和静态客户点的编号分别为 a、b、c、d 和 $1、2、\cdots、21$。设每个客户的需求量不超过 $2m^3$,配送车辆的最大载货量都是 $8m^3$,车辆能够进行连续配送服务的最大行驶距离为 200km,同时设配送车场坐标为(25km,25km),动态及静态客户的坐标与需求信息如表 6.1 和表 6.2 所示。

表 6.1 动态客户信息

客户点	坐标	时刻	需求量	客户点	坐标	时刻	需求量
a	[30,37]	1	2	c	[39,21]	2	0.7
b	[43,44]	2	1.5	d	[41,18]	1	1.6

表 6.2 静态客户信息

客户点	坐标	需求量	客户点	坐标	需求量	客户点	坐标	需求量
1	[6,45]	2	8	[40,45]	0.5	15	[42,22]	1.5
2	[14,40]	1.4	9	[40,38]	0.2	16	[44,20]	0.3
3	[25,33]	0.5	10	[45,44]	1.3	17	[48,19]	0.5
4	[31,35]	0.9	11	[44,33]	0.9	18	[45,9]	1.0
5	[7,30]	0.3	12	[36,24]	1.2	19	[45,15]	0.3
6	[29,27]	0.5	13	[35,28]	1.3	20	[38,08]	1.1
7	[32,41]	0.3	14	[46,27]	0.4	21	[32,13]	0.4

初始配送车辆 $m=(\sum_{i=1}^{n}q_i/\alpha Q)+1=3$,其中 q_i 表示第 i 个客户点的需求量,Q 表示车辆最大载货量,α 表示货物装箱的复杂度,取值为 0.8。在初始时刻,车辆对 21 个静态客户点进行服务,初始调度方案如图 6.8 所示。

如图 6.9 所示为时刻 1 的调度方案,利用本书提出的调度策略和方法,在满足约束条件限制前提下对车辆进行重调度。

在时刻 1 增加了 a、b、c 和 d 4 个动态客户需求,此时按照初始调度计划派出的 3 台车分别位于客户点 2、7 和 20,即动态因子关键点集合为{2、7、20};此时车辆从这几个关键点出发的载货量集合为{4.2、0.3、1.5},增加了客户 c 和客户 d 需求后,总需求量超出车辆 3 的载重和最大行驶距离,因此增派车辆 4,利用 CAGA 对问题进行求解,生成的时刻 1 的重调度方案,如图 6.9 所示,对应配送车辆的路径和载货率情况如表 6.3 所示。

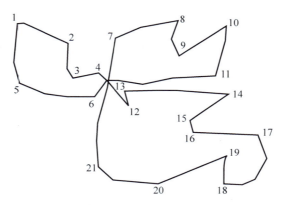

图 6.8 初始调度方案

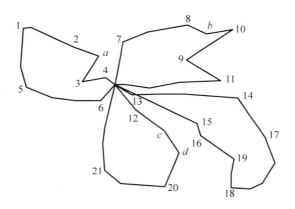

图 6.9 时刻 1 的调度方案

表 6.3 时刻 1 重调度计划表

配送车辆	路径	载货率	行驶距离/km
1	0-6-5-1-2-a-3-4-0	88%	82.46
2	0-7-8-b-10-9-11-0	92.5%	89.65
3	0-21-20-d-c-12-0	79%	87.35
4	0-13-14-17-18-19-16-15-0	95.05%	89.5

重调度计划表中的载货率等数据表明，本书提出的 CAGA 及其调度策略是有效的。将 CAGA 与已经存在的 artificial immune algorithm（AIA）、improved quantum genetic algorithm（IQGA）和 tabu search multi-objective evolutionary algorithm（TMEA）算法应用于某物流公司动态调度问题的求解，结果如图 6.10 所示。在迭代 200 代以内，CAGA、TMEA 和 IQGA 都能搜索到最优解 60，而 AIA 仅能搜索到 63；在收敛速度方面，IQGA 和 TMEA 明显慢于 CAGA，从图 6.10 中可以看出，不同算法收敛效果比较，IQGA 在第 82 代收敛到最优解，TMEA 在 58

代搜索到最优解,而 CAGA 在 33 代便搜索到最优解,搜索效率明显高于另外两种方法。

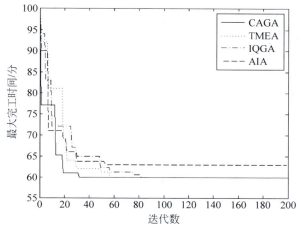

图 6.10　不同算法收敛效果比较

这表明,使用 CAGA 算法求解 VRPUD 问题时,不仅可以保证最小化总里程和配送时间、最大化载货率,还保证了较高的调度效率。表 6.4 显示了运行本书算法所得到的 3 个 Pareto 最优解。

表 6.4　CAGA 获取的 3 个 Pareto 最优解

序号	最小化运输费用 f_1	最小化车辆成本 f_2	最优化稳定值 f_3
1	256.5	467	3.56
2	262	465	2.98
3	249	464	4.02

因为问题的目标量纲不同,因此在选择决策之前,先把不同目标值转换到统一的评价范围内。本书将目标 f_j 对 Pareto 解集的量纲表示为 l_{ij},其定义为:

$$l_{ij} = (o_j^{\max} - o_{ij})/(o_j^{\max} - o_j^{\min}) \tag{6.21}$$

其中,$o_j^{\max}$ 表示所有方案中目标 f_j 的最大值;$o_j^{\min}$ 表示所有目标中的最小值;o_{ij} 表示采用第 i 个方案所对应的目标 f_j 的值。根据 AHP 方法计算各目标权重为 $W(0.412,0.231,0.357)$,再由计算 $l_{ij}W^T$ 得最优方案 2 为最满意方案。

6.6　本章小结

云遗传算法是近几年被广泛关注的新型优化算法,它将云理论思想引入传统遗传算法中,借助云模型中云滴的随机性和稳定倾向性可以有效避免遗传算法的早熟收敛和搜索速度慢等缺点,提高了算法的收敛性和鲁棒性。本章在介绍了基本云遗传算法的基础上,通过 Y 条件云发生器和正向云发生器产生云交叉概率和变异概率,通过 X 条件云发生器生成交叉算子和变异算子;设计云自适应遗传算法(CAGA)求解 VRPUD 问题,为了能够在一组非支配解中决策出最优方案,引入 AHP 策略。最后通过仿真算例并与现存在流行的几种算法进行比较,验证了 CAGA 的优越性和有效性。

第7章

有同时集送货需求物流调度问题

国内外学者使用了很多方法对车辆路径问题进行求解,其中的割平面法、分支定界法和动态规划法等属于精确算法;两阶段法、禁忌搜索算法、遗传算法、模拟退火算法、神经网络算法和蚁群算法等属于启发式算法。

7.1 求解方法对比

针对具体的应用,不同算法有其独特的优缺点,例如,禁忌搜索算法有较强的局部搜索能力,但对初始解有过高要求。遗传算法对初始解要求不高,还具有较强的全局搜索能力,但每次搜索的结果不能保证相同。蚁群算法具有较好的分布式计算能力,但搜索时间长,搜索过程容易出现停滞现象。上述算法的特点比较如表 7.1 所示。

表 7.1 不同算法特点的比较

算法名称	优点	缺点	适用问题类型
割平面法	求得最优解	求解时间长	小规模问题
分支定界法	求得最优解	求解时间长,消耗过多内存	小规模问题
动态规划法	求得最优解	求解时间长	小规模问题
邻接算法	考虑临近节约成本	排序有局限性	较小规模问题
禁忌搜索算法	提高搜索效率具有记忆功能	搜索到局部最优解	时间窗要求不严格问题
遗传算法	全局搜索能力强有并行搜索能力	不能保证每次搜索结果相同	复杂优化问题

续表

算法名称	优点	缺点	适用问题类型
模拟退火算法	全局搜索能力强	无法保证搜索结果最优	对已有路径的改进问题
蚁群算法	具有记忆功能有分布式计算能力	搜索时间长易发生停滞	多目标优化问题
神经网络算法	并行分布处理能力强分类的准确度高	需要参数多学习时间长	建立复杂模式和预测问题
两阶段法	具有并行搜索能力	无法采用信息矩阵计算分位数置信区间	大规模线性规划问题

考虑到量子算法中旋转角的取值具有离散性和搜索解空间的跳跃性,本书提出结合精英量子均值和混沌扰动理论来计算旋转角的量子进化方法,并用所提方法求解有同时集送货需求的车辆路径问题。

7.2 问题描述和数学模型

7.2.1 问题描述

有同时集送货需求的车辆路径问题是车辆路径问题的衍生问题,其问题描述为:设某物流中心有 K 辆车,每辆车的最大载货量均为 Q。该中心同时为 n 个客户提供集货服务和送货服务,每个客户的送货量 q_i 和集货量 p_i 都不超过 Q;从物流中心出发的 $k(0 \leqslant k \leqslant K)$ 辆车在满足所有客户需求后才返回物流中心,并保证同一辆车只能给某个确定客户服务一次,同时使总成本最少。

根据集送货的具体情况,此问题可分为两类:第一类问题是由 Golden 等学者于 1985 年最早提出的,即假设客户的集货(取货)需求既可以在送货需求被满足后完成,又可以在送货需求未被满足前完成,但车辆在每个客户点或者集货或者送货,二者不能同时进行。Golden 等学者使用插入法,即首先把待送货的客户路径建立好,在此基础上,插入集货客户点,并且保证车辆不能先进行集货服务后进行送货服务(因为实际中的车辆从车场出发时一般都是满载的)。Salhi 和 Nagy 等学者提出群组插入法,即插入路径中的不是单个节点,而是至少包含两个相邻客户点的群组。第二类问题允许在相同的客户点既进行送货服务又进行集货服务,Min 于 1989 年提出此类问题的求解方法。

目前对于有同时集送货需求车辆问题尚处于研究阶段,其建立模型的目标函数和约束条件相对较简单,很多具体情况没有考虑。例如,现实中考虑到集货服务有可能出现在送货服务之前,这将引发车厢内货物的整理问题。同时集送货问题中的车厢整理代价问题的研究也具有实际意义。

7.2.2 数学模型

带同时集送货车辆路径问题的数学模型可描述如下:

$$\min Z = \sum_{k=1}^{K}\sum_{j=1}^{N} f_k x_{ijk} + \sum_{k=1}^{K}\sum_{i=1}^{N}\sum_{j=1}^{N} p_k d_{ij} x_{ijk} \tag{7.1}$$

$$y_{ijk} = \begin{cases} 1 \\ 0 \end{cases} \quad \forall i,j=1,2,\cdots,N; \quad \forall k=1,2,\cdots,k \tag{7.2}$$

$$y_{ik} = \begin{cases} 1 \\ 0 \end{cases} \quad \forall i=1,2,\cdots,N; \quad \forall k=1,2,\cdots,k \tag{7.3}$$

$$\sum_{k=1}^{K}\sum_{i=1}^{N} x_{ijk} = 1, \quad \forall j=1,2,\cdots,N \tag{7.4}$$

$$\sum_{k=1}^{K}\sum_{i=1}^{N} x_{ijk} - \sum_{k=1}^{K}\sum_{i=1}^{N} x_{jik} = 0 \tag{7.5}$$

$$0 \leqslant U_{ik} - \sum_{j=1}^{N} X_{ijk}(q_i - p_i) \leqslant Q \tag{7.6}$$

$$0 \leqslant \sum_{j=1}^{M} q_j \left\{ \sum_{i=1}^{N} X_{ijk} \right\} \leqslant r \cdot Q \tag{7.7}$$

$$\sum_{i=1}^{N} v_i y_{ik} \leqslant V_k, \quad k=1,2,\cdots,K \tag{7.8}$$

$$P \leqslant \frac{\sum_{i=1}^{N} p_i \times y_{ik}}{\sum_{i=1}^{N} q_i \times y_{ik}} \leqslant 1 \tag{7.9}$$

数学模型中的符号表示意义如下:
- x 代表某条路径;
- y 代表在某客户点的路径状态;
- f_k 代表集送货车辆 k 的固定成本费用;
- p_k 代表集送货车辆 k 在单位公里内的行驶费用;
- M 代表需要服务的客户点数目;
- K 代表示配货中心中正在提供服务的车辆数目;
- d_{ij} 代表客户 i 与客户 j 的间距;
- N 代表所有客户点,0 代表配货中心;

- Q 代表集送货车辆最大的装载货物量;
- q_i 代表第 i 位客户要求服务的送货量;
- p_i 代表第 i 位客户要求服务的集货量;
- v 代表车辆离开配货中心时的货物量与最大装载量的比率;
- U_{ik} 代表离开客户点 i 时车辆 k 的装载量;
- P 代表车辆的送货量和集货量之间的比值。

其中,式(7.1)表示包括车辆运输固定成本和运输费用的目标函数,$\sum_{k=1}^{K}\sum_{j=1}^{N}f_k x_{ijk}$ 表示车辆的总固定成本,$\sum_{k=1}^{K}\sum_{i=1}^{N}\sum_{j=1}^{N}p_k d_{ij} x_{ijk}$ 表示车辆的总运输费用。式(7.2)表示车辆 k 从客户点 i 出发驶向客户点 j。式(7.3)表示车辆 k 对客户点 i 进行服务。式(7.4)表示客户点 i 在整个过程中只能被车辆 k 服务。式(7.5)表示所有客户点最多只能被服务一次。式(7.6)表示车辆 k 的装载总量不能超过其满载量 Q。式(7.7)表示车辆初始装载率要小于 1,以便为集货服务预留一定空间。式(7.8)表示车辆 k 装载的货物总体积不能超过其装载体积上限。式(7.9)表示所有运输车辆的集货服务要在完成一定量的送货服务后进行,从而最小化货物搬运成本。

上述数学模型描述了集货服务和送货服务同时发生的车辆路径问题,此模型具有一定的通用性,例如,若客户点的集货量或送货量设置为 0,则此模型即可表示纯送货或纯集货车辆路径问题。

7.3 集送货问题模型的分类

根据客户需求服务时间和发生地的不同,集送货车辆路径问题可分为静态模型和动态模型。针对多约束条件下集送货模型的静态调度问题和基于 7.2 节所提的具有集送货需求车辆路径问题的目标函数等数学模型,设计了混合量子算法对其进行求解。集送货模型的静态调度是在满足各项约束条件的前提下,以最小化各项成本为目标,使用某种智能算法安排车辆的服务路线,使其在过程中同时完成集送货服务。

7.3.1 调度路径的可行性分析

调度路径的可行性分析是判断集送货车辆路径是否可行的基础,其任务是根据可行性分析函数对计划的集送货需求路径进行判断。

有同时集送货需求的车辆路径问题的可行性可通过可行性分析函数 $f(x_m)$

来确定：

$$w_m = f(x_m) \tag{7.10}$$

式(7.10)中的 w_m 是 Boolean 型变量，取值为 0 或 1；路径集合 x_m 表示第 m 条路径，其定义如下：

$$x_m = (s_m, Y_m) \tag{7.11}$$

式(7.11)中的 s_m 表示路径中车辆的编号，Y_m 表示客户点集合，即由第 m 条路径的所有客户点编号组成的集合，其定义格式如下：

$$Y_m = \{y_{mk} \mid k = 0, 1, 2, \cdots, K_m - 1, K_m\} \tag{7.12}$$

式(7.12)中的 K_m 表示第 m 条路径上的子路径（路径中任意两客户点间的路径线段）数目，$(K_m - 1)$ 表示第 m 条路径上除车场外的客户总数；y_{mk} 则表示在第 m 条路径上第 k 个客户的客户点编号，当 $k = 0$、$y_{mk} = 0$ 时，表示路径是一条始于车场终到车场的闭合路径。

约束调度路径可行性的影响因素可分为四类：①服务时间约束条件；②车辆载重量约束条件；③车辆容积量约束条件；④车辆尺寸约束条件。则可行性分析函数 $f(x_m)$ 可表示如下：

$$f(x_m) = f_1(x_m) \cdot f_2(x_m) \cdot f_3(x_m) \cdot f_4(x_m) \tag{7.13}$$

式中，$f_1(x_m)$、$f_2(x_m)$、$f_3(x_m)$、$f_4(x_m)$ 分别表示服务时间可行性分析函数、车辆载重量可行性分析函数、车辆容积量可行性分析函数和车辆尺寸可行性分析函数。各可行性分析函数的具体含义表示如下。

1. 服务时间可行性分析函数 $f_1(x_m)$

表达式 $f_1(x_m)$ 具体描述如下：

$$f_1(x_m) = \prod_{k=1}^{K_m} (\text{pos}(t_i^e + \Delta t_{\max}^e \leqslant t_i^g \leqslant t_i^l) \geqslant p_t^s) \tag{7.14}$$

式(7.14)中的 $(\text{pos}(t_i^e + \Delta t_{\max}^e \leqslant t_i^g \leqslant t_i^l) \geqslant p_t^s)$ 表示对服务时间约束条件进行判断，如果条件满足，则表达式结果为 1，否则为 0；而时间评价度量值用 p_t^s 表示；最早的服务时间用 t_i^e 表示；最晚的服务时间用 t_i^l 表示；到达目的地时间用 t_i^g 表示。

2. 车辆载重量可行性分析函数 $f_2(x_m)$

表达式 $f_2(x_m)$ 具体描述如下：

$$f_2(x_m) = \prod_{k=1}^{K_m} (W_{mk} \leqslant W_n) \tag{7.15}$$

式(7.15)中的 $(W_{mk} \leqslant W_n)$ 表示对车辆载重量约束条件进行判断，如果条件满足，则表达式结果为 1，否则为 0；W_{mk} 表示车上货物的重量；W_n 表示车辆 n 的载重量（单位为 kg）。

3. 车辆容积量可行性分析函数 $f_3(x_m)$

表达式 $f_3(x_m)$ 具体描述如下：

$$f_3(x_m) = \prod_{k=1}^{K_m} (\text{pos}(V_{mk} \leqslant V_n) \geqslant p_v^s) \tag{7.16}$$

式(7.16)中的 $(\text{pos}(V_{mk} \leqslant V_n) \geqslant p_v^s)$ 表示对车辆容积量约束条件进行判断，如果条件满足，则表达式结果为 1，否则为 0。p_v^s 表示容积量度量值；V_{mk} 表示货物体积。V_n 表示车辆 n 的最大装载体积（单位为 m^3）。

4. 车辆尺寸可行性分析函数 $f_4(x_m)$

表达式 $f_4(x_m)$ 具体描述如下：

$$f_4(x_m) = f_4^l(x_m) \cdot f_4^w(x_m) \cdot f_4^h(x_m) \tag{7.17}$$

式中，$f_4^l(x_m)$、$f_4^w(x_m)$ 和 $f_4^h(x_m)$ 分别表示车辆的长度可行性分析函数、宽度可行性分析函数和高度可行性分析函数，即

$$f_4^l(x_m) = \left[\prod_{k=1}^{K_m-1} \prod_{p=1}^{B_i^r} (l_{ip}^r \leqslant l_n^s) \right] \cdot \left[\prod_{k=1}^{K_m-1} \prod_{q=1}^{B_i^d} (l_{iq}^d \leqslant l_n^s) \right] \tag{7.18}$$

$$f_4^w(x_m) = \left[\prod_{k=1}^{K_m-1} \prod_{p=1}^{B_i^r} (w_{ip}^r \leqslant w_n^s) \right] \cdot \left[\prod_{k=1}^{K_m-1} \prod_{q=1}^{B_i^d} (w_{iq}^d \leqslant w_n^s) \right] \tag{7.19}$$

$$f_4^h(x_m) = \left[\prod_{k=1}^{K_m-1} \prod_{p=1}^{B_i^r} (h_{ip}^r \leqslant h_n^s) \right] \cdot \left[\prod_{k=1}^{K_m-1} \prod_{q=1}^{B_i^d} (h_{iq}^d \leqslant h_n^s) \right] \tag{7.20}$$

式中的 $(l_{ip}^r \leqslant l_n^s)$ 和 $(l_{iq}^d \leqslant l_n^s)$ 表示对装载货物长度约束条件进行判断，如果条件满足，则表达式结果为 1，否则为 0。l_n^s 表示车辆 n 车厢的长度。l_{ip}^r 表示客户 i 接收的第 p 件货物的长度。l_{iq}^d 表示客户 i 发送的第 q 件货物的长度。B_i^r 表示客户 i 接收的货物数量。B_i^d 表示客户 i 发送的货物数量。$(w_{ip}^r \leqslant w_n^s)$ 和 $(w_{iq}^d \leqslant w_n^s)$ 表示对装载货物宽度约束条件进行判断，如果条件满足，则表达式结果为 1，否则为 0。w_n^s 表示车辆 n 车厢的宽度。w_{ip}^r 表示客户 i 接收的第 p 件货物的宽度。w_{iq}^d 表示客户 i 发送的第 q 件货物的宽度。$(h_{ip}^r \leqslant h_n^s)$ 和 $(h_{iq}^d \leqslant h_n^s)$ 表示对装载货物高度约束条件进行判断，如果条件满足，则表达式结果为 1，否则为 0。h_n^s 表示车辆 n 车厢的高度。h_{ip}^r 表示客户 i 接收的第 p 件货物的高度。h_{iq}^d 表示客户 i 发送的第 q 件货物的高度。

在实际应用中，上述四类约束条件对于同时集送货需求车辆路径问题可行性的影响程度不同。一般情况下，车辆容积量约束条件对路径可行性的影响最大，$f_3(x_m)$ 应该首先被计算；车辆尺寸约束条件的计算较简单，而车辆载重量的计算次之，所以应该再计算 $f_4(x_m)$ 和 $f_2(x_m)$；车辆服务时间约束条件的计算最烦琐

复杂,因此 $f_1(x_m)$ 的计算最后进行。则路径可行性约束计算顺序可由图 7.1 表示:

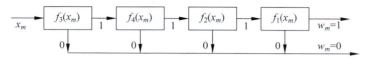

图 7.1　路径可行性约束计算顺序

7.3.2　问题解的可行性分析

求解带集送货需求的车辆路径问题时,不仅要考虑车辆离开车场时的载货量,还要考虑车辆返回车场时的载货量。如果在服务过程中,客户载货需求超过车辆载重量界限,便可能出现不可行解。为避免不可行解的出现或将不可行解转换为可行解,需要对问题解进行建模,并分析其可行性。

设在车辆服务区域内共有 M 条线路,任意一条线路中客户的数目用 n_m ($0 < m \leqslant M$) 表示,其中第 m 条线路中的客户分别表示成 $(i_1^m, i_2^m, \cdots, i_{n_m}^m)$,客户的集货需求量表示为 $p_{i_j^m}$,送货需求量表示为 $d_{i_j^m}$ ($j = 1, 2, \cdots, n_m$),车辆最大装载量表示为 Q,车辆集货后的剩余装载量表示为 ΔQ_p,车辆送货前的剩余装载量表示为 ΔQ_d。

强可行性解的定义:车辆在任一访问点的装载量都不超过车辆载重。

引理 1:强可行性解的充要条件为:

$$\sum_{j=1}^{n_m} p_{i_j^m} \leqslant Q, \quad \sum_{j=1}^{n_m} d_{i_j^m} \leqslant Q \tag{7.21}$$

$$d_{i_s^m} \geqslant \sum_{j=1}^{s}(p_{i_j^m} - d_{i_j^m}) - \Delta Q_d \tag{7.22}$$

证明:对第 m 条线路内的客户 $(i_1^m, i_2^m, \cdots, i_{n_m}^m)$,从车场出发时车辆装载的总货物量用 $\sum_{j=1}^{n_m} d_{i_j^m}$ 表示,根据强可行解的定义,必须满足 $\sum_{j=1}^{n_m} d_{i_j^m} \leqslant Q$;而车辆从线路中所有客户点收集的需运至车场的全部货物总量用 $\sum_{j=1}^{n_m} p_{i_j^m}$ 表示,同理可知,$\sum_{j=1}^{n_m} p_{i_j^m} \leqslant Q$ 亦成立。车辆在客户 i_s^m 处的载货量用 $\sum_{j=1}^{s-1} p_{i_j^m} + \sum_{j=s+1}^{n_m} d_{i_j^m} + p_{i_s^m} - d_{i_s^m}$ 表示,如果此时满足强可行解定义,就必然有

$$\sum_{j=1}^{s-1} p_{i_j^m} + \sum_{j=s+1}^{n_m} d_{i_j^m} + p_{i_s^m} - d_{i_s^m} \leqslant Q \tag{7.23}$$

又由 $Q = \Delta Q_d + \sum_{j=1}^{n_m} d_{i_j^m}$，则式（7.23）可转为：

$$p_{i_s^m} - d_{i_s^m} \leqslant \Delta Q_d + \sum_{j=1}^{n_m} d_{i_j^m} \Rightarrow \sum_{j=1}^{s}(p_{i_j^m} - d_{i_j^m}) \leqslant \Delta Q_d + d_{i_s^m}$$

$$\Rightarrow \sum_{j=1}^{s}(p_{i_j^m} - d_{i_j^m}) - \Delta Q_d \leqslant d_{i_s^m}$$

即

$$d_{i_s^m} \geqslant \sum_{j=1}^{s}(p_{i_j^m} - d_{i_j^m}) - \Delta Q_d$$

引理 1 证毕。

弱可行解的定义：线路中所有客户的集送货总量不能超过车辆最大载重。

引理 2：弱可行解的充要条件为：

$$\sum_{j=1}^{n_m} p_{i_j^m} \leqslant Q, \quad \sum_{j=1}^{n_m} d_{i_j^m} \leqslant Q \qquad (7.24)$$

由弱可行解定义可知，车辆在刚离开车场和返回车场时的解都可行，但是有可能在服务过程中，某客户点的集货量大到超载。可通过调整客户服务顺序来实现弱可行的线路向强可行的线路转换。

引理 3：通过调整客户间顺序，弱可行解可以转换为强可行解。

证明：弱可行解定义表明，如果车辆在客户 i_s^m 处完成服务后出现超载，即

$$\sum_{j=1}^{s} p_{i_j^m} + \sum_{j=s+1}^{n_m} d_{i_j^m} > Q \qquad (7.25)$$

由引理 2 可得：

$$\sum_{j=1}^{n_m} p_{i_j^m} \leqslant Q, \sum_{j=1}^{n_m} d_{i_j^m} \leqslant Q \Rightarrow \sum_{j=1}^{s} p_{i_j^m} + \sum_{j=s+1}^{n_m} p_{i_j^m} \leqslant Q, \sum_{j=1}^{s} d_{i_j^m} + \sum_{j=s+1}^{n_m} d_{i_j^m} \leqslant Q \Rightarrow$$

$$\sum_{j=1}^{s} p_{i_j^m} + \sum_{j=s+1}^{n_m} p_{i_j^m} + \sum_{j=1}^{s} d_{i_j^m} + \sum_{j=s+1}^{n_m} d_{i_j^m} \leqslant 2Q$$

由式（7.25）可得：

$$\sum_{j=s+1}^{n_m} p_{i_j^m} + \sum_{j=1}^{s} d_{i_j^m} < Q \qquad (7.26)$$

由式（7.26）可知，在顺序被调整后，线路是有可能满足强可行解条件的，即可以通过对客户顺序进行调整的方法，达到把线路转换为强可行解的目的，引理 3 证毕。

引理 4：设车辆在客户 i_s^m 处完成装载服务后出现超载，则满足条件 $d_{i_{s-1}^m} +$

$p_{i_s^m} \geq 2d_{i_s^m}$。

证明：根据引理 1 知，如果车辆在客户 i_{s-1}^m 处满足强可行解的条件，有

$$\sum_{j=1}^{s-1}(p_{i_j^m} - d_{i_j^m}) \geq \Delta Q_d + d_{i_{s-1}^m}$$

在客户 i_s^m 处不满足，则有

$$\sum_{j=1}^{s}(p_{i_j^m} - d_{i_j^m}) \geq \Delta Q_d + d_{i_s^m} \Rightarrow \sum_{j=1}^{s-1}(p_{i_j^m} - d_{i_j^m}) + (p_{i_s^m} - d_{i_s^m}) \geq \Delta Q_d + d_{i_s^m} \Rightarrow$$

$$\Delta Q_d + d_{i_{s-1}^m} + (p_{i_s^m} - d_{i_s^m}) \geq \Delta Q_d + d_{i_s^m} \Rightarrow d_{i_{s-1}^m} + p_{i_s^m} \geq 2d_{i_s^m}$$

即相邻的两客户如果能够满足上述条件，就会出现弱可行解，引理 4 证毕。

7.3.3 静态调度问题

有集送货需求车辆路径问题的静态调度指在已经了解路径中所有客户需求的前提下，以最小化综合成本为目标，根据客户需求量、车辆情况等信息，选择确定的算法，规划车辆配送路线，达到满足所有客户集货和送货需求的目的。

启发式方法是求解多约束条件下集送货问题的常用方法。其中，最常用的方法是禁忌搜索算法以及在此算法基础上衍生的多种混合禁忌搜索算法。例如，自适应遗传算法和禁忌搜索算法相结合的混合遗传禁忌算法；随机搜索算法和禁忌搜索算法相结合的随机合理化禁忌算法等。

禁忌搜索算法与不同类启发式算法相结合的原因是禁忌搜索算法在运算过程中存在以下不可避免的缺点：

(1) 初始方案对算法执行效率的影响比较大。

(2) 若被求解问题规模较大，则备选方案的构造方法效率会较低。

(3) 如果问题的复杂度增加，则选取禁忌长度等参数的工作将变得十分困难。

(4) 不同路径间不均衡的工作量会增大规划结果的执行难度。

考虑禁忌搜索算法的上述缺点，相关学者使用混合算法从以下几方面提出了解决策略：

(1) 先使用自适应遗传算法求出精英种群作为初始解，然后使用禁忌搜索算法求得最终解。

(2) 扩展解的搜索范围，使随机搜索范围扩大到全局。

(3) 根据禁忌搜索方法具有局部搜索能力强的特点，记录下搜索到的局部最优方案信息，根据对信息的禁忌来选取从未被搜索的方案，以此实现在更大范围内搜索。

(4) 以基本搜索方案为原点，在此原点周边临域范围内扩大搜索范围，以获取更加合理的方案。

7.3.4 动态调度问题

动态调度是指安排车辆路径以满足实时出行的客户需求。与静态调度相比，动态调度涉及的因素和领域要更广，两者间的区别主要表现在：①在动态调度车辆路径问题中，车辆的位置需要被调度中心实时掌握，以对随时可能出现的客户需求变化作出及时响应；②静态调度需要统一、系统地考虑所有任务，而动态调度应优先考虑近期任务；③动态调度需要在短时间内快速完成新的路径调整的特点，决定了其调度过程对更快的计算速度要求超过了更高质量解的要求；④静态调度以最小化行驶成本为目标，而动态调度则以最小化客户平均等待时间来设计目标函数；⑤与静态调度相比，动态调度对服务时间约束条件的限制相对松弛，允许在一定程度上违背时间约束而在路径中增加新的客户需求；⑥为了应对动态需求带来的新增车辆的需求，动态调度中后备车辆的数目使车辆规模的调整性降低。

在实际过程中，由于车辆离开车场时，车上的待送货物已经确定，所以有同时集送货需求车辆路径问题通常只包含新增集货客户。在对服务需求方案调整的过程中，动态调度的客户可分为两类——已经被分配服务车辆的现有客户和在调度方案最后确定后出现的新增客户。

针对动态调度集送货需求问题，可以使用重新优化和局部调整这两种不同的求解策略。其中，重新优化策略与静态调度的过程相近，只是在静态调度基础上增加了车辆实时位置、车辆与新增集货客户的对应关系等更多的约束条件。1980年，Psaraftis 应用重新优化策略成功解决了动态车辆路径问题。局部调整策略是在获得新增客户相关信息后，在确定的服务期限到来之前，借助插入法来修改和动态调整原有方案，尽可能地缩小调整后的方案与原有方案间的差别。1995年，Madsen 等学者使用插入算法对运送高龄人群和残障人士问题进行了求解；2006年，张建勇等学者设计兼顾客户满意度、车辆行驶成本和等待时间的插入启发式算法。

结合重新优化策略和局部调整策略后，解决动态调度集送货需求问题的关键是：在服务周期内的某个时间点，能够在最短时间内对现行调度方案进行修改，充分考虑增加车辆成本最少的前提下，尽可能满足新增客户的集送货服务需求。图 7.2 描述了动态调度流程图。

图 7.2 根据客户具体情况可选择就近插入算法和全局优化算法进行动态调度。就近插入算法是在现行方案的基础上，在路径中把新增加的客户插到最近能插入的位置，这类策略适合应用于新增加的客户较少，同时又对实时性要求较高的情况。全局优化算法是完全重新设计包含了新增客户的方案，这类策略适合应用于新增加的客户较多，同时又对实时性要求较低的情况。

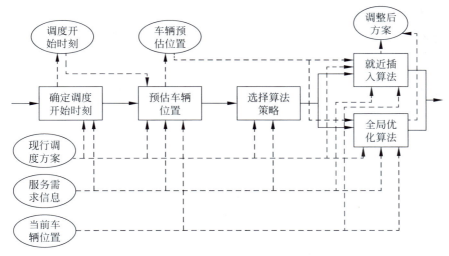

图 7.2　动态调度流程图

7.4　基于混沌理论的改进量子算法

针对禁忌搜索算法缺点提出的解决策略在一定程度上提高了集送货车辆路径问题的求解效率,但解决方法还有很大的改进空间。本书借鉴 20 世纪 90 年代开始兴起的量子进化智能方法,尝试对量子旋转门旋转角的计算方法进行设计。

7.4.1　量子算法的优势

量子计算的概念于 20 世纪 80 年代初被提出,是信息科学计算与量子力学结合的一门新兴交叉性科学,引入了量子理论中量子态的叠加性、纠缠性和并行性。有关量子计算的详细概念在本书第 2 章有详细阐述,这里不再赘述。而量子进化算法具有区别于其他智能方法的特点:

(1) 算法不依赖具体问题信息并设计测试用例;

(2) 量子的纠缠性能够使量子的杂交发生在整个种群中,并可以快速得到最优解;

(3) 种群较好的分散性保证了小规模种群个体能够与多个个体编码相对应;

(4) 可以方便地与遗传算法、粒子群算法、蚁群算法和禁忌搜索等智能算法相结合。

量子进化算法收敛速度的快慢和搜索能力的大小直接受量子旋转门、旋转角的影响,其利用量子旋转门为进化策略,以使量子个体逐渐逼近到最优解,同时以概率的形式增加需要的结果、减少不需要的结果。虽然旋转角的获取可以通过查表方式进行,但是这种方式提供的旋转角是不连续、离散的,所以在对问题解空间进行搜索时,存在跳跃性和片面性。为克服查表方式提供的旋转角的缺点,提出了基于混沌理论对旋转角进行改进的新方法。

本书使用基于混沌理论的量子进化方法对集送货车辆路径问题进行求解,并设计测试用例,证明了此方法优于以混合遗传禁忌算法和随机合理化禁忌算法为代表的其他混合进化智能方法。

7.4.2 混沌理论

混沌是一类广泛存在于自然界的现象,它具有三个重要特点:非线性、随机性和遍历性。混沌理论已经在随机优化领域得到广泛应用,其优越性尤其表现在局部优化领域。已有相关研究表明,精英保留方法保证了遗传算法的概率全局收敛;而量子进化方法本身具有易于陷入局部最优值的缺点,综合考虑上述方法的特点,本章提出了一种新的旋转角计算策略,即使用精英均值引导的混沌量子旋转角。这种方法不但能够使算法收敛,而且能够使求解早熟概率降低,同时算法可以借助混沌扰动而实现多样化和遍历行为。

1. 混沌理论的定义

20世纪70年代创立的混沌(Chaos)学被认为是非线性科学的重要分支。混沌学是研究确定性的非线性动力系统在没有外加随机因素下显现出的一种近似随机现象的科学。混沌学揭示了自然界中无序和有序相统一、确定性和随机性相统一的复杂性,被认为是20世纪科学界在相对论和量子力学出现之后的第三次革命。它的产生一方面使非线性科学的发展得到了极大促进,另一方面也使混沌成为解决数学、化学、物理、医学、通信等多领域问题的有力工具。1963年美国麻省理工学院的Lorenz教授发表了"决定性的非周期流"一文,描述了混沌的基本特性——对初始条件敏感,并继而提出了著名的"蝴蝶效应",Lorenz也因此被誉为"混沌之父"。1975年,学者李天岩和York提出"周期3蕴含着混沌"的思想被认为是对混沌理论的第一次科学表述,他们给混沌提出的数学定义如下。

判断闭区间 I 上的连续自映射 $f(x)$ 有混沌现象的条件:

① $f(x)$ 有任意周期的周期点;

② 若闭区间 I 非空,则存在不可数非周期不变子集 S,需要满足

(a) $f(Q) \subset Q$;

(b) 对任意的 $x \in Q$ 和 f 的任意周期点 y,有 $\lim\limits_{n \to \infty} \sup |f^n(x) - f^n(y)| > 0$;

(c) 对任意的 $x, y \in Q$,当 $x \neq y$ 时,有 $\lim\limits_{n \to \infty} \sup |f^n(x) - f^n(y)| > 0$;

③ 存在 Q 的不可数子集 Q_0,对任意 $x, y \in Q_0$,有 $\lim\limits_{n \to \infty} \inf |f^n(x) - f^n(y)| = 0$。

在闭区间 I 上的连续自映射 $f(x)$,若某个周期为 3 的周期点是存在的,则任何正整数的周期点也是存在的,也就是说,混沌现象一定会出现。

在上述混沌数学定义的基础上,Devaney 于 1989 年提出了混沌的另外一种定义,即

① 存在 $\delta>0$,对任意的 $\varepsilon>0$ 和任意的 $x\in X$,在 x 的 ε 邻域内,存在 y 和自然数 n,使 $|f^n(x)-f^n(y)|>\delta$,即 $f(x)$ 对初值有敏感依赖性,不管距离如何接近的两个初值 x 和 y,它们在 $f(x)$ 的作用下可能会出现很大的分离,直至完全分开;

② 对于 X 上的任意一对开集 X_1 和 X_2,存在 $k>0$,使 $f^k(X_1)\cap X_2\neq\varnothing$,即 $f(x)$ 拓扑传递,在 $f(x)$ 的作用下,任何一点邻域都会逐渐布满整个 X 度量空间;

③ 在 X 中 $f(x)$ 的周期点稠密,即系统的确定性和规律性很强。

2. 混沌判断的标准

混沌运动具有独特于一般确定性运动的几何和数值特征,包括混沌吸引子、Lyapunov 指数、关联维数和功率谱等。

(1) Lyapunov 指数。

在闭区间 I 的连续自映射 $f(x)$ 的初值敏感依赖性决定了当两个系统轨道是由很接近的初始条件产生时,伴随时间的变化,它们可能以指数方式分离,表征这种现象的定量指标就是 Lyapunov 指数。

某一维动力系统 $x_{n+1}=F(x_n)$ 中,导数 $\left|\dfrac{\mathrm{d}F}{\mathrm{d}x}\right|$ 决定了初始点迭代后的状态是靠近或分离。如果 $\left|\dfrac{\mathrm{d}F}{\mathrm{d}x}\right|<1$,那么迭代后初始点靠近;否则,如果 $\left|\dfrac{\mathrm{d}F}{\mathrm{d}x}\right|>1$,那么迭代后初始点分离。$\left|\dfrac{\mathrm{d}F}{\mathrm{d}x}\right|$ 的变化导致初始点靠近或分离状态的改变。

假设存在初始点 x_0 和它的邻点 $x_0+\delta_0$,迭代一次后,两点之间的距离表示为:

$$\delta_1=|F(x_0+\delta_0)-F(x_0)|=\frac{\mathrm{d}F(x_0)}{\mathrm{d}x}\cdot\delta_0 \qquad (7.27)$$

两点之间的距离在经过 n 次迭代后表示为:

$$\delta_n=|F^{(n)}(x_0+\delta_0)-F^{(n)}(x_0)|=\frac{\mathrm{d}F^{(n)}(x_0)}{\mathrm{d}x}\cdot\delta_0=\mathrm{e}^\lambda\cdot\delta_0 \qquad (7.28)$$

当取极限 $n\to\infty$,式(7.28)可变为:

$$\lambda=\lim_{n\to\infty}\frac{1}{n}\ln\frac{\delta_n}{\delta_0}=\lim_{n\to\infty}\frac{1}{n}\ln\left|\frac{\mathrm{d}f^{(n)}(x_0)}{\mathrm{d}x}\right| \qquad (7.29)$$

其中,λ 是 Lyapunov 指数,即被迭代若干次后的相邻点平均在每次迭代中所带来的指数的分离程度。$\lambda>0$ 是界定存在混沌的数值依据,λ 越大,系统的混沌性就越强,$\lambda=0$ 是系统由运动状态过渡为混沌状态的分叉点。

(2)关联维数。

1983年由Grassberger和Procaccia提出的关联维数常被作为检测混沌存在可能性的标准。其描述为某序列进行相空间重构后,选择任意一个参考点x_i,表示以x_i为圆心,以r为半径的球形盒,由$B_r(x_i)$来表示,假设有吸引子上M个点存在于盒中,则x_i到盒中其他$(M-1)$个点的距离为:

$$d_{ij}=d(x_i,x_j)=\left[\sum_{i}^{m-1}(y_{i+1}-y_{j+1})^2\right]^{1/2} \quad (7.30)$$

式中$i \neq j$,重复对任意点$x_i(i=1,2,\cdots,M)$距离的计算,关联积分公式表示如下:

$$C(r)=\frac{2}{N(N-1)}\sum_{j=1}^{N}\sum_{i=j+1}^{N}\Theta(r-r_{ij}) \quad (7.31)$$

其中,Θ称为Heaviside函数,具体表示为:

$$\Theta(x)=\begin{cases}0, & x<0 \\ 1, & x\geqslant 0\end{cases} \quad (7.32)$$

关联维数在r足够小的时候可定义为:

$$D_2=\lim_{r \to 0}\lim_{N \to \infty}\frac{\mathrm{d}\log C(r)}{\mathrm{d}\log r} \quad (7.33)$$

其中,关联维数的近似值可由$\log C(r)$对$\log r$的斜率确定,系统如果是混沌的,则伴随着嵌入维数m的增加,此斜率会最终收敛到一个固定值。

7.4.3 量子算法的实现

1. 旋转角改进步骤描述

改进的量子算法主要是对旋转角进行计算,旋转角分为两部分,即旋转方向和偏转量。要对量子个体X_i的每个量子位的旋转角进行计算,则数据表示如下:$f(x_i)$表示量子个体X_i的适应度;量子个体X_i的第j个量子位的概率符角度由w_{ij}表示;当前状态下,具有最高适应度的n个精英量子个体由$K_2,\cdots,K_n$表示,第1个表示最优的精英个体,即K_1;第n个精英个体的第j个量子位角度由w_{oj}^n表示。结合混沌理论对量子位的旋转角进行改进,由Logistic方程产生混沌扰动,量子个体X_i的适应度影响了初始值的确定,对旋转角计算的改进的步骤描述如下:

步骤1:对参数进行初始化。使$j=1$,初始值$\lambda_0=f(X_i)$由Logistic方程产生。

步骤2:对旋转角方向进行计算,已知K_1表示当前最优精英个体,即最优解,并且满足$f(x_i) \leqslant f(K_1)$,则计算旋转方向可表示为:

$$X_j=\mathrm{sgn}(\alpha_{ij}\beta_{ij}(k_{1j}-0.5)) \quad (7.34)$$

式中,符号函数由sgn()表示,第j个量子位的概率幅由$\alpha_{ij}\beta_{ij}$表示,K_1的第j个量子位取值由k_{1j}表示。

步骤3:对精英量子引导的旋转角偏转量进行计算。

步骤 4：对量子位的混沌扰动量进行计算，在步骤 1 中给出由 Logistic 方程生成初始值 λ_0，即

$$\begin{cases} \lambda_i = \mu \lambda_{i-1}(1-\lambda_{i-1}) \\ \lambda_0 \in [0,1], \quad \mu \geqslant 4 \end{cases} \tag{7.35}$$

步骤 5：对量子位的旋转角度进行计算，混沌扰动量的正负值由旋转方向决定，可表示如下：

$$\theta_{ij} = x_j \Delta \theta_{ij}(1 + x_j \lambda_j) \tag{7.36}$$

步骤 6：对量子位计算完成情况进行判断，如果计算完成，则步骤结束；否则，令 $j = j+1$，转至步骤 2。

2. 量子算法实现步骤

按照上述步骤对量子位旋转角进行改进计算后，对带同时集送货需求车辆路径问题进行求解。首先将整数编码转换成二进制形式，生成初始解 $P(t)$，再由初始解 $P(t)$ 生成二进制解 $R(t)$，最后对 $R(t)$ 进行解码和修正，计算量子个体旋转角并对量子进行更新，即问题求解可分为 4 步。

（1）生成初始解 $P(t)$。

基于混沌理论生成初始解，假设用 Popu 表示种群规模，用 Sum 表示客户数量，用 K 表示配送车辆数目，则量子个体的编码长度可以表示成 $n(\text{Sum}+K-1)$，按如下步骤进行初始化。

步骤 1：先生成 Popu/10 个初始解，然后根据二进制编码方法将其映射为量子个体，从而产生种子量子个体。

步骤 2：用混沌方法对剩余种群个体进行初始化。即初始化第 i（Popu/10 $< i <$ Popu）个量子个体（具体算法为 $\lambda_0 = 1/\text{Popu}$），并根据式（7.35）计算 λ_i，设 $\alpha_{ji} = \lambda_i$，$\beta_{ji} = \sqrt{1-\lambda_i^2}$，从而生成全部量子位的概率幅，并生成量子个体。

步骤 3：对步骤 2 重复执行，直至生成全部量子个体。

（2）由初始解 $P(t)$ 生成二进制解 $R(t)$。

对初始解 $P(t)$ 的每一个量子位的 α_j^2 与 $[0,1]$ 区间的随机数 r_j 进行比较，如果 $\alpha_j^2 \geqslant r_j$，那么该位的值为 0，否则为 1。

（3）对 $R(t)$ 进行解码和修正。

这一过程分为 2 个阶段：检查是否有重复编码或越界编码阶段，以及对解码后的线路进行修正和改进的阶段。在前一阶段，如果发现有编码重复或越界的情况，就对这一整数对应的二进制串每位的值进行重新确定，直至没有重复或越界的编码。后一阶段主要针对解码后可能出现的不可行解或弱可行解进行改进。在此阶段，假设线路 k 上的集货量和送货量用 $P(k)$ 和 $D(k)$ 表示，待选择客户集合用 Customlist 表示，改进的步骤如下所示。

步骤 1：对线路 k 上的 $D(k)$ 和 $P(k)$ 进行计算,并记录结果。

步骤 2：弱可行检查线路 k,如果线路 k 不可行,那么删除线路 k 上的若干客户,使之满足弱可行的条件,并且在 Customlist 中保存删除的客户;如果 $P(k) \ll Q$ 且 $D(k) \ll Q$,就删除线路 k,并保存线路上的所有客户到 Customlist 中。

步骤 3：已有线路在确保弱可行的前提下,用最临近法把 Customlist 中的客户插入已有线路,如果已有线路中没有位置插入,就生成一条新的线路,直至 Customlist 中的客户为空。

步骤 4：强可行检查弱可行线路,如果条件不满足,就找出不可行客户,并对客户的顺序进行交换,直至转换成可行;否则,转至步骤 5。

步骤 5：使用 Relocate、Exchange 等线路间或线路内的交换算子,对强可行线路进行改进,从而减少线路的长度。

步骤 6：对量子染色体编码进行更新。

(4) 进行量子更新。

对量子个体的适应度进行计算,将计算结果与已存在的精英量子个体进行比较,选择并保存适应度最高的 K 个量子个体。参照式(7.34)～式(7.36)对量子个体量子位的旋转角进行计算,生成新的初始解 $P(t+1)$。同时判断算法的终止条件是否满足,若满足则终止,否则转至(2),即由初始解 $P(t)$ 生成二进制解 $R(t)$。

基于改进旋转角的量子算法求解带同时集送货问题,求解流程图如图 7.3 所示。

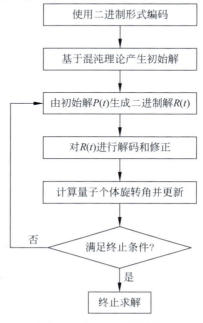

图 7.3　问题求解流程图

7.5 实例研究与分析

本节针对带同时集送货需求车辆路径问题的典型实例,从使用基于混沌理论的初始化方法、使用改进的计算旋转角方法和使用量子优化方法等3方面与其他方法进行对比,从不同方面说明所提方法的作用效果。为方便与其他方法进行比较,本书使用文献[34]的实例,该实例是把 Christofides 设计的 VRP 实例改造后转换成的 VRPSDP 实例。

7.5.1 混沌方法初始化

基于混沌理论进行初始化。选取并测试5个规模分别为50、75、100、150和199的不同实例,对每个实例独立运行30次,记录并计算所有运行结果的平均值和最优解,并与未使用混沌理论的方法进行比照。对比后的数据如表7.2所示,其中30次平均值和已知最优解之间的差异与已知最优解的比率用 ADF 表示,而30次最优解和已知最优解之间的差异与已知最优解的比率用 BDF 表示。

表 7.2 使用混沌理论初始化前后对比表

实例	规模	使用前 ADF%	使用前 BDF%	使用后 ADF%	使用后 BDF%
CMT1X	50	5.01	3.32	2.89	1.15
CMT2X	75	5.68	3.51	3.12	1.81
CMT3X	100	6.39	4.69	3.88	1.63
CMT4X	150	7.11	5.71	5.96	4.71
CMT5X	199	8.19	6.67	6.79	4.31

对表7.2中数据进行统计可生成使用混沌理论前后30次平均值与已知最优解、30次最优解与已知最优解数据变化曲线图,分别如图7.4和图7.5所示。对图7.4和图7.5中的数据进行对比分析可以发现,使用混沌理论后和未使用混沌理论前平均值与已知最优解的差异(ADF)减少约1.95%,最优解与已知最优解的差异减少约2.06%。

由图7.4的变化曲线可看出,使用混沌方法进行初始化在5个实例中求得的平均值和已知最优解的差异比率都小于未使用混沌方法。5个实例中,CMT1X、CMT2X 和 CMT3X 中二者的差值较大,平均为2.5%,而 CMT4X 和 CMT5X 上相差约1.2%。

由图7.5的变化曲线可以看出,使用混沌方法进行初始化在5个实例中求得的最优解和已知最优解的差异比率都小于未使用混沌方法,且二者差值呈不均匀分布。

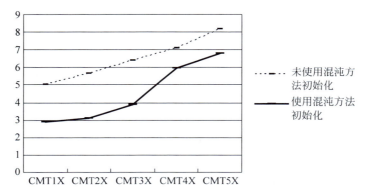

图 7.4　混沌方法初始化前后 ADF 对比图

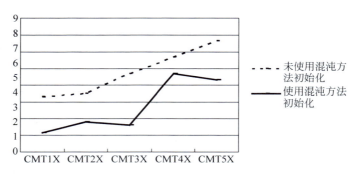

图 7.5　混沌方法初始化前后 BDF 对比图

7.5.2　改进的方法计算旋转角

选取并测试 5 个规模分别为 50、75、100、150 和 199 的不同实例,仍然分别对每个实例独立运行 30 次,记录并计算所有运行结果的平均值和最优解,并与使用一般的旋转角查找表的方式进行对比。对比后的数据如表 7.3 所示。

表 7.3　改进方法和查表方式对比

实例	规模	查表法 ADF%	查表法 BDF%	改进法 ADF%	改进法 BDF%
CMT1X	50	4.32	3.82	2.91	1.22
CMT2X	75	5.39	4.61	2.61	1.75
CMT3X	100	6.79	5.61	3.88	1.62
CMT4X	150	8.89	7.98	6.22	4.71
CMT5X	199	9.74	8.79	6.69	4.32

其中,30 次平均值和已知最优解之间的差异与已知最优解的比率用 ADF 表示,而 30 次最优解和已知最优解之间的差异与已知最优解的比率用 BDF 表示。

对表 7.3 中数据进行统计可生成使用改进后方法计算旋转角和使用查找方式计算旋转角的 30 次平均值与已知最优解、30 次最优解与已知最优解的数据变化曲线图，分别如图 7.6 和图 7.7 所示。对图 7.6 和图 7.7 中的数据进行对比分析可以发现，使用改进方法和查找方式计算旋转门旋转角的平均值与已知最优解的差异（ADF）减少约 2.6%，最优解与已知最优解的差异减少约 3.4%。

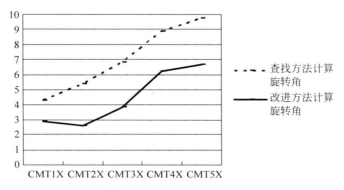

图 7.6　改进法计算旋转角前后 ADF 对比图

由图 7.6 的变化曲线可以看出，改进方法计算旋转角在 5 个实例中求得的平均值和已知最优解的差异比率明显低于查找方法。除 CMT1X 两者的差异为 1.4% 外，其他 4 实例的差异均超过 2%，且后 4 个实例的两条曲线接近平行。

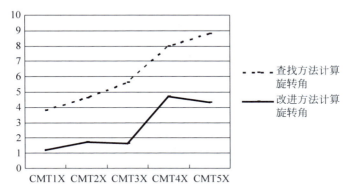

图 7.7　改进法计算旋转角前后 BDF 对比图

由图 7.7 的变化曲线可以看出，改进方法计算旋转角在 5 个实例中求得的最优解和已知最优解的差异比率明显低于查找方法，在实例 CMT3X 中两者的差异甚至超过 4%。

7.5.3　量子进化算法

测试量子进化算法在求解 VRPSDP 问题时与其他进化算法进行对比。实例

调度问题求解与优化

中规模增加为 6 个：分别为 50、75、100、120、150 和 199，并对实例进行增加，即 CMTnX（n 为自然数）型问题扩展出 CMTnY 型问题。CMTnY 型问题是由交换 CMTnX 型问题的集送货需求生成的，从而可以获得 12 个实例，由于此实例也被多种优化算法所测试，故对用量子进化算法测试的结果有很好的参照性。分别对每个实例独立运行 30 次，记录并计算所有运行结果的平均值和最优解，与文献[35-37]的测试结果进行对比，其中 IA 是文献[35]所提出的基于载货能力插入算法，TVN 是文献[36]所提出的结合了禁忌搜索和可变邻域搜索的混合算法，TS 是文献[37]所提出的使用不同邻域结构的禁忌搜索算法，CQA（Chaos Quantum Algorithm）是本书所提出的基于混沌的量子进化算法。BDF 表示 30 次最优解和已知最优解之间的差异与已知最优解的比率，Length$V$ 表示已知最优解总路径的长度，VeN 表示车辆的数目。具体数据如表 7.4 所示。

表 7.4 用量子算法与用其他算法对比表

实例	规模	IA		TVN		TS		CQA		已知最优解	
		BDF%	VeN	BDF%	VeN	BDF%	VeN	BDF%	VeN	LenghV	VeN
CMT1X	50	28.85	6	2.22	3	1.08	3	1.06	3	466.77	3
CMT1Y	50	29.23	5	4.03	3	0.71	3	0.68	3	466.77	3
CMT2X	75	32.02	10	3.69	6	1.62	7	1.59	6	684.21	6
CMT2Y	75	38.64	12	7.32	6	4.03	7	3.43	6	666.75	6
CMT3X	100	28.97	10	3.92	5	0.75	5	0.62	5	715.51	5
CMT3Y	100	28.43	10	3.12	5	0.00	5	0.97	5	719	5
CMT4X	150	39.85	15	8.63	7	4.42	7	4.41	7	843.24	7
CMT4Y	150	38.14	15	16.97	7	2.98	7	3.68	7	852.35	6
CMT5X	199	46.56	19	10.34	10	6.62	11	4.21	10	1030.55	10
CMT5Y	199	43.56	19	9.78	10	5.01	10	4.98	10	1030.55	10
CMT11X	120	78.95	11	12.52	4	7.28	4	3.21	4	838.66	5
CMT11Y	120	79.23	11	23.71	4	8.65	5	4.22	4	837.08	4
Average		42.70	12	8.85	6	3.60	6	2.76	5.83	762.62	6

由表 7.4 可知，在测试的 12 个实例中，除了在 CMT3Y 和 CMT4Y 上，本书所提 CQA 算法没有更接近已知最优解，其他实例上的结果都与已知最优解差距最小。除在实例 CMT4Y 上车辆的数目超过已知最优解数目，其他实例上车辆的数目均等于或少于已知最优解车辆的数目。本书所提算法求得最优解平均值远小于 IA、TVN 和 TS 算法，平均距离分别缩短了 37.99%、7.73% 和 0.76%。

对表 7.4 中的数据进行统计，生成在 12 个实例测试中，IA 算法、TVN 算法、TS 算法和所提 CQA 算法求得最优解与已知最优解差异比率的对比数据变化曲线，如图 7.8 所示为 CQA 算法与其他算法 BDF 对比图。

从图 7.8 可以看出，4 种算法在 12 个实例中，求得最优解和已知最优解的差异

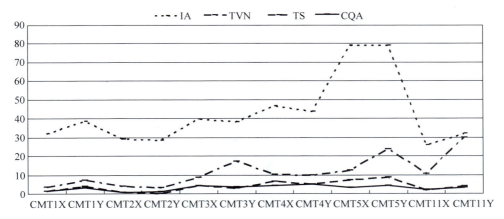

图 7.8　CQA 算法与其他算法 BDF 对比图

比率变化曲线各不相同，其中 IA 算法的差异比率最大，是其他算法差异比率的 5～14 倍，尤其在 CMT5X 和 CMT5Y 上的差别最为明显；而 TS 算法和所提的 CQA 算法的差异比率较接近，但在 CMT5X 和 CMT5Y 上平均相差近一倍。

7.6　本章小结

本章研究了用结合精英量子均值和混沌扰动理论改进旋转门旋转角的量子进化算法来求解带同时集送货需求的车辆路径问题。禁忌搜索算法是解决 VRPSDP 的常用算法，但是此算法执行效率过多地依赖于初始解和对复杂问题的禁忌长度等参数选取困难等缺点，因此使用量子进化算法。考虑到旋转角的计算算法的影响较大，并且查找方式产生的旋转角是不连续和离散的，所以结合了混沌理论和精英量子均值。在理论上对影响 VRPSDP 的约束条件可行性和产生问题的弱可行和强可行解条件进行分析，并引入 Lyapunov 指数、关联维数和功率谱等混沌运动判断标准。把所提算法应用于 VRPSDP 问题的典型实例，并与其他算法进行对比分析，研究结果验证了所提算法的有效性。

第8章 云计算模式下的动态物流调度问题

实际生活中的车辆路径问题存在诸多动态因素，如客户需求、运输需求、路径制定者的主观认识、交通路况及车况等，这类问题称为动态车辆路径问题（Dynamic Vehicle Routing Problem，DVRP）。1988年，Psaraftis对DVRP的定义为：安排车辆路径以满足实时出行的顾客需求，文献[42]将DVRP定义为"在系统信息实时更新的情况下，安排车辆路径以满足系统要求达到的目标"。国内外的研究者使用了多种方法对动态需求车辆路径问题进行求解，并在模型和算法方面均取得了一定的成果，研究现状见第2章，此处不再赘述。

8.1 DVRP调度模型

8.1.1 DVRP描述

如果一个车辆路径规划问题的输出是一条预先规划好的路线，并且这条路线不会被重新优化，而是根据事先确定的输入进行优化计算得来，则这个问题就是静态问题。如果一个车辆路径规划问题的输出不是一条预先规划好的路线，而是一条根据随时间变化的输入相应作调整的路线，这类问题就是动态问题。动态车辆路径问题的准确定义有两个关键点：①不是所有与车辆调度相关的信息在调度员作路径规划前都是已知的；②与车辆调度相关的信息可能会在路径规划好之后发生变化。

在实际车辆配送过程中，如果发生动态事件，那么车辆重调度提高效率的同时，还要保证整个运输的稳定性，调度的稳定性要求尽可能降低对初始调度方案更改的频率。因此，解决DVRP的关键是如何平衡调度效率和调度稳定性双重目标。

8.1.2 目标函数

模型中符号的含义表示为：配送车场编号为 0；客户编号为 $1,2,\cdots,N$；配送中心车辆编号为 $1,2,\cdots,K$；i,j 表示配送车场点及客户点 ($i,j\in\{1,2,\cdots,N\}$)；车辆的最大载重量为 Q；车辆 k 从客户点 i 出发的累积载货量为 $q_{ik}(t)$，且 $q_{ik}(t)<Q$；q_i 为客户 i 的需求量；车辆行驶的固定成本为 F_k；车辆从 i 点到 j 点的行驶时间为 t_{ij}；客户点 i 到客户点 j 之间的距离为 d_{ij}；客户点 i 到客户点 j 之间的费用为 c_{ij}；车辆 k 从客户点 i 到客户点 j 的运输量为 ω_{ijk}；车辆 k 在客户点 i 的服务时间为 s_{ki}。

动态实时需求发生前，车辆对部分客户进行了服务。如果原客户需求量增加并且超出车辆最大载重，则把该子路径上最后被服务的客户视为新客户，直到车载量限制被满足。

定义决策变量：

$$x_{ijk}=\begin{cases}1, & \text{静态阶段的车辆 } k \text{ 从客户 } i \text{ 到客户 } j \text{ 有动态需求}\\ 0, & \text{其他}\end{cases}$$

$$y_{ik}=\begin{cases}1, & \text{客户 } i \text{ 的需求被静态阶段车辆 } k \text{ 满足}\\ 0, & \text{其他}\end{cases}$$

建立 t 时刻动态实时需求路径问题的数学模型如下：

$$\min Z=\sum_{k=1}^{K}\sum_{i=1}^{N+M+1}\sum_{j=1}^{N+M+1}c_{ij}x_{ijk}+\sum_{k=K+1}^{K+L}\sum_{i=1}^{N+M+1}\sum_{j=1}^{N+M+1}c_{ij}x_{ijk}+\\ \sum_{k=K+1}^{K+L}F_k\sum_{j=1}^{N}x_{(N+M+1)jk} \quad (8.1)$$

式(8.1)表示目标函数，包括车辆对静态阶段未服务客户的运输成本、动态阶段新增加客户的运输成本，以及动态阶段新增加车辆的派车成本。

本章借鉴 Ishibuchi 教授的将车辆最大运输时间权重设为 5 和送货拖期权重设为 2 的赋值方法，则调度效率公式如式(8.2)所示。

$$\text{Efficiency}=5\cdot(\max(F_n)-\min(b_n))+2\cdot\sum\psi_n(F_n-\text{DL}_n) \quad (8.2)$$

式(8.2)中符号含义为：F_n 为客户点 n 的送货完成时间；b_n 为到达客户点 n 的时间；DL_n 为客户点 n 的时间窗；ψ_n 为决策变量：$\psi_n=\begin{cases}1, & (F_n-\text{DL}_n)>0\\ 0, & \text{其他}\end{cases}$。

调度稳定性的评价指标主要基于重调度与初始调度方案中车辆到达客户点时间偏离度惩罚值，则调度稳定性公式如式(8.3)所示。

$$\text{stability} = \frac{\left[\sum\sum|t'_{nm}-t_{nm}|+\sum\sum \text{PF}(t_{nm}+t'_{nm}-2\text{RT})\right]}{\sum_{i=1}^{n}n_i/n} \quad (8.3)$$

式(8.3)中符号含义为：t'_{nm} 和 t_{nm} 分别表示重调度和初始调度中车辆 m 到达客户点 n 的时间；PF( )表示偏离度惩罚值函数；RT 表示当前送货时间；n_i 表示在客户点需要完成的货物数。

8.2 DVRP 调度策略

本书设计基于周期驱动和重调度因子驱动的混合策略，策略包含确定重调度周期和选择重调度事件两方面。

在对 DVRP 的调度过程中，既要实现诸如最小化配送时间、最小化配送成本和最小化不按期送货惩罚值等目标，又要尽量减少重调度方案与初始调度方案间的偏差，以达到调度效率和稳定性的平衡，调度策略的步骤如下。

步骤 1：设置重调度周期 ΔT 及在调度中滚动窗口内配送货物的最大数目 N。

步骤 2：判断滚动窗口内是否有配送货物，如果有，则转至步骤 3；否则，等待调度任务。

步骤 3：对新的未分配货物，设置其配送优先级，优先级由时间窗要求和客户重要程度共同决定。

步骤 4：比较待配送货物的数量 N' 与 N 的大小，若 $N' \leqslant N$，则将全部待配送货物加入滚动窗口调度，否则将优先级最高的前 N 个货物加入滚动窗口等待调度。

步骤 5：根据滚动窗口内的优先级，对货物进行初始配送调度。

步骤 6：判断是否产生重调度因子，如果产生，则转至步骤 7；否则继续运行当前调度方案，转至步骤 8。

步骤 7：判断重调度因子，修改涉及的调度参数和目标函数，并启动重调度方案，转至步骤 6。

步骤 8：判断是否达到重调度周期 ΔT，如果达到，则转至步骤 2；否则转至步骤 6。

8.3 DVRP 的混合量子粒子群算法

考虑到初始调度和重调度都包含车辆选择和货物排序两个子问题，本书在算法前期对种群进行双链编码，在算法后期用混合量子粒子群以保证种群多样性来解决 DVRP 问题,继而提出了相应的混合多相量子粒子群算法(Hybrid Multi-phase Quantum Particle Swarm Optimization,HMQPSO)。

8.3.1 双链量子编码

本书在概率幅编码的基础上引入新的补偿因子 $\gamma(\gamma \geqslant 1)$,假设 p_i 表示一条量子染色体,则第 i 个染色体编码方案如下:

$$p_i = \left[\left|\begin{array}{c}\alpha_{i1}\\\beta_{i1}\end{array}\right|\left|\begin{array}{c}\alpha_{i2}\\\beta_{i2}\end{array}\right|\cdots\left|\begin{array}{c}\alpha_{im}\\\beta_{im}\end{array}\right|\right] = \left[\left|\begin{array}{c}\cos(\gamma t_{i1})\\\sin(\gamma t_{i1})\end{array}\right|\left|\begin{array}{c}\cos(\gamma t_{i2})\\\sin(\gamma t_{i2})\end{array}\right|\cdots\left|\begin{array}{c}\cos(\gamma t_{im})\\\sin(\gamma t_{im})\end{array}\right|\right]$$

(8.4)

式(8.4)中,α、β 要满足归一化约束条件,即 $|\alpha|^2 + |\beta|^2 = 1$; $t_{ij} = 2\pi \times \text{rad}$,rad 表示(0,1)间的随机数; $i=1,2,\cdots,n$; $j=1,2,\cdots,m$; n 表示种群规模,m 表示量子位个数。补偿因子 γ 使周期由 2π 扩展为多周期表示,从而提高算法收敛概率。每条染色体包含两个并列的基因链,每条链对应 DVRP 问题的车辆分配链和货物排序链,每个基因链表示一个优化解,则每条染色体对应搜索空间的两个最优解,即

$$p_{i\cos} = (\cos(t_{i1}),\cos(t_{i2}),\cdots,\cos(t_{in}))$$

$$p_{i\sin} = (\sin(t_{i1}),\sin(t_{i2}),\cdots,\sin(t_{in}))$$

式中,$p_{i\cos}$ 和 $p_{i\sin}$ 分别称为余弦解和正弦解。

本章将所有重调度时刻点的货物分为已排队未配送货物和新到达货物两类。编码前一部分的染色体长度表示目前重调度集合的全部货物数目,基因链直接由货物编号编码;后一部分的染色体基因链由整数表示车辆在可选集合中的顺序编号。

在图 8.1 中双链染色体编码表示货物 $\{G_1 \quad G_2 \quad G_3 \quad G_4 \quad G_5 \quad G_6 \quad G_7\}$ 被分配的车辆顺序编号为 3、1、2、3、4、3、1,即货物 G_1 可以选择 V_1、V_2、V_3 和 V_4 中一辆车配送,图中对应的数字 3 表示选择的是第 3 台车辆 V_3; 货物 G_6 可以选择 V_1、V_3 和 V_4 中的一辆,图中对应的数字 3 表示选择的是第 3 辆车 V_4。货物链的基因位表示装箱顺序,其中数字表示的是货物号,即货物号为 2、1、4、3、7、5、6,对应的装箱顺序为: G_2、G_1、G_4、G_3、G_7、G_5、G_6。

8.3.2 基于 Logistic 映射的粒子群算法

量子粒子群算法具有在迭代中涉及的参数少、计算速度快的优点,同时具有较强的全局寻优能力。假设粒子群的维数是 D,并且第 i 个粒子表示为 $P_i=(p_{i1},p_{i2},\cdots,p_{iD})$,粒子速度为 $v_i=(v_{i1},v_{i2},\cdots,v_{iD})$,则把全局最优的粒子表示为 $g\text{best}=(g_{i1},g_{i2},\cdots,g_{iD})$,局部最优的粒子表示为 $l\text{best}_i=(l_{i1},l_{i2},\cdots,l_{iD})$,粒

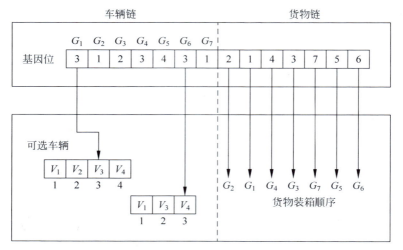

图 8.1 双链染色体编码

子的更新方程如下所示：

$$v_i(t+1) = \omega(t) \times v_i(t) + c_1 \times r_1 \times (l\text{best}_i(t) - P_i(t)) + c_2 \times r_2 \times (g\text{best}(t) - P_i(t)) \quad (8.5)$$

$$P_i(t+1) = P_i(t) + v_i(t+1) \quad (8.6)$$

式(8.5)中的 t 表示迭代代数，c_1 和 c_2 表示加速因子，设 $c_1 = c_2 = 2$，r_1 和 r_2 表示均匀分布在区间(0,1)内的随机数；$\omega(t)$ 表示迭代权重，且 $\omega(t) = \omega_{\max} - \dfrac{(\omega_{\max} - \omega_{\min}) \cdot t}{M_1}$，$\omega_{\max}$、$\omega_{\min}$ 表示 ω 的最大值和最小值范围，并且设置 $\omega_{\max} = 1.2$，$\omega_{\min} = 0.4$，t 表示当前的迭代代数，M_1 表示粒子群最大迭代代数。

当 r_1 和 r_2 设置为某区间内的随机数时，可能搜索不到解空间内所有的点，本书用基于 Logistic 映射对粒子速度和位置进行设置。r 的第$(t+1)$代的值通过下式推导获得：

$$r(t+1) = \mu \times r(t) \times (1 - r(t)) \quad (8.7)$$

式中，$r(t) \in (0,1)$，$\mu = 4$，表示控制变量。

基于双链量子编码的量子粒子群算法的运算步骤如下。

步骤 1：对种群进行初始化，由 Logistic 方程生成粒子个体在量子空间中的位置和速度；

步骤 2：对获得的初始解进行双链量子编码，将染色体表示为车辆基因链和货物基因链；

步骤 3：对种群内全部粒子的目标函数值进行计算，$l\text{best}_i$ 表示局部最优粒子

的自身位置，$gbest$ 表示目标函数值最小的粒子位置；

步骤 4：计算所有粒子位置矢量的全局平均最优值，并更新粒子位置；

步骤 5：对每一个粒子的目标函数进行计算，同时更新对 $lbest_i$ 和 $gbest$；

步骤 6：判断终止条件是否满足，如果满足条件，则转至步骤 5，否则转至步骤 4；

步骤 7：输出 $gbest$ 及相应的目标函数值，终止算法执行。

8.3.3 改进算法设计步骤

为避免搜寻过程中量子粒子群陷入局部最优，本书在原有基础上创建了两个子相量子粒子群。本书设计改进求解方法如下。

步骤 1：产生初始解。

用两条并列的基因链组成染色体，每条链分别表示 DVRP 问题的车辆分配链和货物装箱顺序链；同时对量子粒子群规模、加速系数、压缩因子、惯性权值、最大迭代次数、粒子群的子相数及每相的滚动优化结束指标进行初始化。

步骤 2：设置粒子位置和速度。

根据目标函数评价每个粒子的初始适应值、保存每个粒子的初始个体历史最优位置及个体最优适应值，同时保存初始全局历史最优位置及最优适应值。

步骤 3：建立子相粒子群并对第 i 个子相粒子进行优化，使子相粒子群开始时在相反的方向以不同的速度进行局部寻优，而主相粒子群粒子速度更新基于当前所有子相搜索到的全局最优点。

步骤 4：判断 i 是否已经超过粒子群相数，如果超过，令 $i=0$，并转至步骤 5。否则 $i=i+1$，并转至步骤 3。

步骤 5：如果适应值误差达到预设的适应值误差限，则算法终止；否则转至步骤 3 继续优化。

8.3.4 数据分析与验证

为了对本章提出方法的有效性进行验证，设计了包括 1 个车场、6 个动态需求（新增）客户点和 12 个静态需求客户点的模型，设车辆行驶区域为 $60km×60km$ 的近似正方形。静态客户编号为 1、2、3、…、12，新增客户编号为 a、b、c、d、e、f。约定每个客户点的配送最大量不超过 $2m^3$，配送车辆的最大载货量都是 $16m^3$，车辆连续行驶的最长距离为 $300km$，同时设配送车场坐标为 $(25km, 25km)$，动态和静态客户点信息如表 8.1 所示，其中动态需求出现于"时刻 1"。

表 8.1　客户信息

客户点	坐标	需求量	客户点	坐标	需求量	客户点	坐标	需求量
1	[35,42]	2.0	7	[36,24]	1.4	a	[11,3]	1.6
2	[26,14]	1.6	8	[19,47]	1.2	b	[26,04]	0.8
3	[19,32]	0.5	9	[24,39]	1.3	c	[29,37]	1.5
4	[51,44]	1.7	10	[26,15]	0.9	d	[26,31]	1.9
5	[34,18]	1.3	11	[38,06]	1.4	e	[4,10]	1.8
6	[45,16]	1.5	12	[23,08]	1.6	f	[0.8,11]	1.7

初始配送车辆数 $m = (\sum_{i=1}^{n} q_i / \alpha Q) + 1 = 2$，其中 q_i 表示第 i 个客户点的需求量，Q 表示车辆最大载货量，α 表示货物装箱的复杂度，取值为 0.6，m 取值为整数。在初始时刻，车辆对 12 个静态客户点进行配送服务，初始调度方案如图 8.2 所示，图中 0 表示出发车场，车辆 1 配送客户点为 1—2—3—4—5，车辆 2 配送客户点为 6—7—8—9—10—11—12；而当时刻 1 新增客户需求点 a、b、c、d、e 和 f 后，利用本书提出的调度策略进行重调度。此时按照初始调度计划派出的 2 台车分别位于客户点 4 和 9，即动态因子关键点集合为 {4,9}；此时车辆从这两个关键点出发的载货量集合为 {5.8,5.4}，利用 HMQPSO 对问题进行求解，生成时刻 1 的重调度方案，如图 8.3 所示。

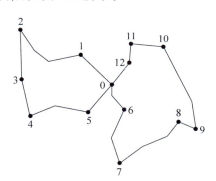

图 8.2　初始调度方案

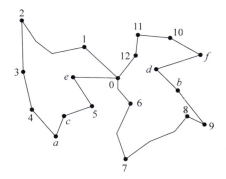

图 8.3　时刻 1 的重调度方案

则在时刻 1 配送车辆的路径和载货率情况如表 8.2 所示。

表 8.2　时刻 1 的重调度计划表

配送车辆	路径	载货率	行驶距离/km
1	0—1—2—3—4—a—c—5—e—0	75%	172.36
2	0—6—7—8—9—b—d—f—10—11—12—0	85.6%	211.89

为验证本章所提出的算法在搜索成本目标最优解收敛速度，采用已存在的

AIA、CPSO、IQGA 和 TMEA 算法求解，不同算法的收敛比较如图 8.4 所示，在迭代 100 代之内，HMQPSO 能获得最优解 50，CPSO、IQGA 和 TMEA 获得最优解约为 75，AIA 最差；HMQPSO 在迭代到第 24 代即找到最优解，而表现较好的 TMEA 在第 29 代收敛，其他算法收敛效率明显偏低。

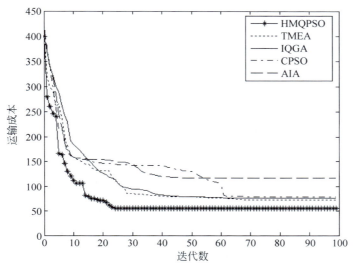

图 8.4 不同算法的收敛比较

本章提出的 HMQPSO 的解优于其他几种算法。使用该算法求解动态 DVRP 问题时，除了保证最小化总里程、最小化派车成本和最大化客户满意度等目标函数外，还可以使问题具有较高的调度效率和很好的调度稳定性。考虑到 DVRP 对算法的动态性和灵活性具有较高的要求，以及云计算的特点，本章使用基于云理论的遗传算法对问题进行求解，并与 HMQPSO 进行比较。

8.4 基于云理论的自适应遗传算法

8.4.1 求解策略

本章以动态车辆路径问题例，使用两阶段求解策略。在求解过程中，新增客户需求信息一般出现在车辆配送货途中。在云量子遗传算法的基础上，求解步骤分为两个阶段，即初始化静态需求阶段和分时段动态需求更新阶段，其具体的步骤如下。

第 1 阶段：依据已知客户需求信息制定初始优化阶段的静态需求调度方案。通过云量子遗传算法对该阶段的具体问题进行全局优化，生成初始调度方案，并及时分发车辆配送计划。

第 2 阶段：当新增客户需求信息出现时，对客户需求信息数据库按照不同的时段进行更新并优化。该阶段通过对新增客户需求信息的及时更新，并将其补充到需求信息数据库中，更新时间受限于客户对货物需求时间约束，利用云量子遗传算法对更新后将生成的新网络路径进行优化求解，获得新的最终车辆调度方案。

8.4.2 数据分析与验证

为了验证提出方法的有效性，本书的仿真实验包括 1 个配送车场、10 个动态需求客户和 24 个静态需求客户，配送区域为 50km×50km 的正方形区域。动态客户点和静态客户点的编号分别为 $a,b,\cdots,j$ 和 $1,2,\cdots,24$。客户点坐标与需求等信息如表 8.3 和表 8.4 所示。

表 8.3 动态客户信息表

客户点	坐标	时刻	需求量	客户点	坐标	时刻	需求量
a	[13,24]	1	2	f	[33,9]	2	0.5
b	[4,35]	1	1.9	g	[42,3]	1	1.8
c	[38,43]	2	1.5	h	[29,41]	1	0.6
d	[35,19]	2	0.3	i	[11,46]	2	1.1
e	[3,28]	1	1.3	j	[4,23]	1	1.7

表 8.4 静态客户信息表

客户点	坐标	需求量	客户点	坐标	需求量	客户点	坐标	需求量
1	[30,42]	2	9	[44,12]	0.5	17	[19,3]	1.5
2	[46,14]	1.4	10	[26,12]	0.2	18	[26,49]	0.3
3	[8,34]	0.5	11	[32,31]	1.3	19	[29,37]	0.5
4	[15,39]	0.9	12	[45,26]	0.9	20	[36,46]	1.7
5	[3,28]	0.3	13	[9,28]	1.4	21	[44,13]	0.3
6	[33,41]	0.5	14	[16,4]	1.4	22	[38,39]	1.7
7	[36,5]	0.2	15	[8,33]	0.8	23	[6,1]	2
8	[23,37]	0.3	16	[26,42]	0.4	24	[29,37]	0.4

初始配送车辆数 $m=(\sum_{i=1}^{n}q_i/\alpha Q)+1=5$，第 i 个客户点的需求量用变量 q_i 表示，最大载货量用变量 Q 表示，装箱复杂度用变量 α 表示，同 6.5 节，仍取值为 0.8。在初始时刻车辆对 24 个静态客户点进行服务，初始调度方案如图 8.5 所示；当时刻 1 和时刻 2 出现动态客户需求时，利用本书提出的调度策略和方法，在保证调度稳定性前提下对车辆进行重调度。

在时刻 1 增加了 a、c、f 和 h 这 4 个动态客户的服务需求，此时按照初始调度计划派出的 5 台车分别位于客户点 5、24、20、12 和 13，即动态因子关键点集合

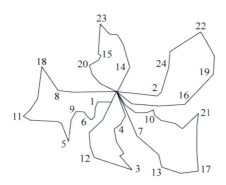

图 8.5 初始调度方案

为{5、12、20、24};此时车辆从这几个关键点出发的载货量集合为{1.2、3.6、0.8、2.8},利用 CAQGA 对问题进行求解,生成的时刻 1 重调度方案如图 8.6 所示。

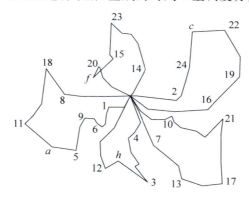

图 8.6 时刻 1 重调度方案

配送车辆在时刻 1 的路径、载货率等情况如表 8.5 所示。

表 8.5 时刻 1 重调度计划表

配送车辆	路径	载货率	行驶距离/km
1	0—20—f—15—23—14—0	88%	62.46
2	0—2—24—c—22—19—16—0	92.5%	89.65
3	0—10—21—17—13—7—0	79%	87.36
4	0—12—h—3—4—0	75%	68.78
5	0—1—6—9—5—a—11—18—8—0	95.05%	89.5

在时刻 2 增加了 b、d、e、g、i 和 j 这 6 个动态客户的服务需求,此时按照初始调度计划派出的 5 台车分别位于客户点 23、18、19、21 和 4,动态因子涉及 5 台车,其关键点集合为{18、19、21、23};此时车辆从这几个关键点出发的载货量集合为{6.2、6.6、4.8、5.7},利用 CAQGA 对问题进行求解,生成的时刻 2 重调度方案如

图 8.7 所示。

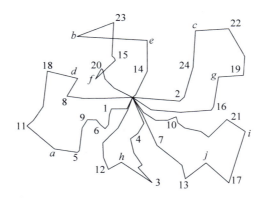

图 8.7　时刻 2 重调度方案

配送车辆在时刻 2 的路径、载货率等情况如表 8.6 所示。

表 8.6　时刻 2 重调度计划表

配送车辆	路　　径	载　货　率	行驶距离/km
1	0—20—f—15—23—b—e—14—0	95%	72.85
2	0—2—24—c—22—19—g—16—0	94%	94.6
3	0—10—21—i—17—j—13—7—0	90.6%	94.36
4	0—12—h—3—4—0	75%	68.78
5	0—1—6—9—5—a—11—18—d—8—0	97.55%	96.35

重调度计划表中的载货率等数据表明本章提出的 CAQGA 及其调度策略是有效的,用不同的算法对问题进行求解,并根据式(8.1)和式(8.2)结合生成下式计算衡量调度效率和调度稳定性的数值公式,数值越小,表明重调度效率和稳定性越高。

$$\min Z = 5 \cdot (\max(F_n) - \min(b_n)) + 2 \cdot \sum \psi_n (F_n - DL_n) + 4 \cdot \frac{\left[\sum\sum |t'_{nm} - t_{nm}| + \sum\sum PF(t_{nm} + t'_{nm} - 2RT)\right]}{\sum_{i=1}^{n} n_i / n}$$

重调度计划表中的载货率等数据表明本书提出的基于云计算环境的 CAQGA 及其调度策略是有效的。为进一步验证所提出方法的性能,将 CAQGA 与上面的 HMQPSO 和已存在的 TMEA、IQGA 和 CPSO 算法应用于同一问题的求解。不同算法的稳定性目标值比较见图 8.8,本章提出的 CAQGA 和 HMQPSO 算法在执行 100 次运算获得的目标值最小,即算法稳定性最高,同时使用 CAQGA 算法求解 DVRP 问题时,可以最小化总配送距离、节省配送时间,能够使载货率最大化。

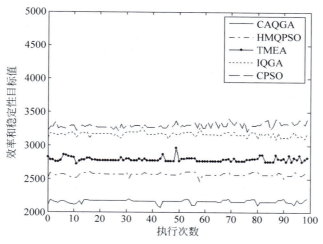

图 8.8 不同算法的稳定性目标值比较

在相同的运行代数下,针对静态调度(时刻 0)、动态调度 1(时刻 1)和动态调度 2 (时刻 2)这三种情况下,比较四种算法的计算时间,不同算法三种状态的计算时间比较如图 8.9 所示(单位为 s)。从图 8.9 可以看出,本章提出的算法在三种调度情况下的计算时间均少于其他算法,在静态调度中,几种算法的计算时间相差不大,但随着动态客户的增多,CAQGA 所用的时间与最多时间的 CPSO 相差超过 200s。

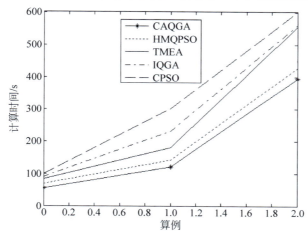

图 8.9 不同算法三种状态的计算时间比较

8.5 本章小结

本章根据不同的约束条件,建立了多目标动态 DVRP 数学模型。考虑到量子算法的并行性特点以及混合量子粒子群算法并行搜索效率高的优点，本章在算法初期提出双链量子算法生成车辆链和货物链种群，然后设计混合量子粒子群算法与基于周期与事件驱动的滚动窗口策略相结合求解动态 DVRP 问题。考虑到云计算具有较好的动态性和灵活性，本章又在此基础上提出了基于双链量子进行编码的方法；设计云交叉算子和云变异算子对一般遗传算法的交叉和变异操作进行改进；进而提出了基于云计算理论的自适应遗传算法求解 DVRP 问题。为验证算法的有效性，将上述算法应用仿真算例。结果表明：与其他优化算法相比，本章的 CAQGA 在求解多目标调度问题时具有收敛速度快、求解质量高的优点。在本书研究结果的基础上，进一步的研究应着重于考虑基于云计算的车辆调度过程中对配送时间点增加提前和拖后惩罚系数。

第9章 智能量子算法在物流"最后一公里"问题中的应用

在物流配送活动中,最后一公里配送的成本占物流总成本的 30% 以上,但实际配送过程中仍然存在着货物丢失、交货延迟、配送超出时间窗限制导致的客户满意度低等问题。为了解决上述问题,本章通过建立交货时间和交货成本最小化,满意度和效率最大化的数学模型来求解。首先,提出了一种改进的量子细菌算法来计算三种不同配送模式的配送效率,并通过基于动态缩进控制策略的蒙特卡罗随机抽样完成复制操作;然后从成本和时间的角度分析三种配送模式。为了获得最优的非支配排序解,引入了基于多属性灰度目标决策模型(Multi-arrtibute grey target decision,MAGTD)的选择策略;最后,通过动态仿真和与现有算法进行比较,验证了所提出方法的有效性。

9.1 应用背景

基于电子商务的物流配送有许多特点,如订单数量多、订单规模小、个性需求不确定、消费者地域分散等。虽然"最后一公里"是整个供应链的一小部分,但最后一公里配送的成本占到电子商务物流总成本的 30% 以上,它是直接联系客户的环节。美国研究员 Mohammad 于 2013 年提出了调整商业区的交货时间和在客户提货地址中选择设置提货点的方法来缓解"最后一公里"电子商务物流对城市交通造成的巨大压力。Antonio(2012)结合 B2C 电子商务物流配送的特点,通过对比三种常见的"最后一公里"的配送方案,找到了对城市环境影响最小的解决方案。Feliu(2012)基于淘宝的数据分析了中国"最后一公里"配送模式的适用性,发现了传统配送的便利性是影响电子商务客户的主要因素。Ehmke J(2014)等总结了网上零售商物流配送网络的特点,并分析了物流配送点的配送方式。Bushuev

M(2012)提出了一个社区分布式网络配送模型,具有全天候服务、服务半径小、距离短、重新发送方便等特点。基于社区服务的发展,Liu R(2013)分析了各种新型终端物流模式的差异性和适用性,提出了电子商务供应链中每个节点企业选择适当的合作模式的决策路径。Edwards J.B.(2010)通过对亚马逊终端配送模式的分析,提出了电子商务终端配送模式的选择应该遵循三个原则。Gevaers(2015)明确指出,"最后一公里"的配送是电子商务的一部分,并需要将订单配送到指定的地点。Stanislaw lawr.(2016)以波兰 InPost 公司系统为例,对这一措施的可用性和效率进行了分析。Nebiyou Tilahun、Piyushimita 等(2016)用补偿方差来衡量福利的变化,描述了通过提高交通出行的安全性,可以为运输服务的用户带来极大的好处。M.D.Yap、G.Correia、B.van Arem(2016)详细描述了 AVs 的旅行者偏好,并与现有模式进行了比较。Jay R.Brown、Alfred L.Guiffrida(2014)对传统购物包括客户提货和基于电子商务的在线零售(涉及最后一公里交付给客户家里)产生的碳排放进行了全面比较。张雪文(2016)分析了目前中国生鲜配送"最后一公里"的发展情况,并提出了一些可用于生鲜配送终端开发的建议。"最后一公里"的主要问题在于服务和配送的过程,对于不同的配送模式,配送时间可能是相同的。此外,"最后一公里"是与客户直接联系的关键环节。因此,解决"最后一公里"的综合配送物流是关键问题。本书分析了三种不同的配送模式,并提出了基于 MAGTD 的改进的量子细菌觅食优化算法(Quantum Bacterial Foraging Optimization, QBFO)来决策配送的效率、成本和满意度。

9.2 不同模式的配送效率模型

9.2.1 问题描述

在"最后一公里"问题中,不同配送模式的效率差异很大,这对于物流企业计算总交付成本非常重要。在本书中,配送效率用平均配送时间 t_i 来表示,i 用于区分不同的模式(宋丽等,2009),t_i 越大,输送效率越低。无论哪种方式,t_i 的总交货时间由以下三部分组成——行驶时间、等待时间(停止或启动)和服务时间,如式(9.1)所示。在"送货上门"(模式 D)的模式下,包括快递员步行到客户的时间、等待客户检查包裹签名,以及扫描条码的时间。在"自助柜"(模式 S)的模式下,包括快递员步行到自助服务柜的时间、扫描条码并装入适当的储物柜的时间。在"客户自提货"(模式 C)的模式下,包括运送包裹的时间和扫描包裹上条形码的时间。

$$t_i = t_i^r + t_i^w + t_i^s \tag{9.1}$$

在三种配送模式中,t_i^w 和 t_i^s 的计算方法一样,其中 t_i^r 表示行驶时间,t_i^w 表示停车等待时间,t_i^s 表示服务时间。

9.2.2 配送模型分析

模式 D 可以抽象为具有时间窗的车辆路径问题(VRPTW),模式 S 可以抽象为经典 VRP,模式 C 可以基于聚类被抽象为 VRP(Huang YK,2012)。根据三种不同的模式,分别建立相应的效率模式。

模型中的常量符号含义表示如下:

m:客户点的数量;

λ:一个客户的平均服务时间;

δ:平均等待时间;

Q_v:车辆额定负载量;

v:平均行驶速度;

T:额定工作时间;

$[a_j,b_j]$:时间窗。

模型中的变量符号含义表示如下:

d_{ij}:客户点 i 到客户点 j 的距离;

R:总路线数;

q:整个区域的需求;

s_j:客户点 j 的开始服务时间;

x_{ijr}:边(i,j)是否在路径 r 上;

y_{jr}:客户点 j 是否在路径 r 上;

q_j:客户点 j 的需求量。

模式 D 的模型如下。

目标函数:

$$\min t^r = \sum_{r=1}^{R} \sum_{i=0}^{m+1} \sum_{j=0}^{m+1} x_{ijr}(d_{ij}/v) \tag{9.2}$$

约束条件为:

$$\sum_{j=1}^{m} q_j = q \tag{9.3}$$

$$\sum_{r=1}^{R} y_{jr} = 1, \quad j=1,2,3,\cdots,m \tag{9.4}$$

$$\sum_{j=0}^{m} x_{ijr} = y_{ir}, \quad i=1,2,3,\cdots,m+1; r=1,2,\cdots,R \tag{9.5}$$

$$\sum_{i=1}^{m+1} x_{ijr} = y_{jr}, \quad j=0,1,2,3,\cdots,m; r=1,2,\cdots,R \tag{9.6}$$

$$\sum_{i=1}^{m+1} x_{i0r} = 1, \quad r = 1,2,3,\cdots,R \tag{9.7}$$

$$\sum_{j=0}^{m} x_{(m+1)jr} = 1, \quad r = 1,2,3,\cdots,R \tag{9.8}$$

$$\sum_{j=1}^{m} y_{jr} q_j \leqslant Q_v, \quad r = 1,2,3,\cdots,R \tag{9.9}$$

$$s_j + \lambda q_j + \delta + d_{ij}/v - M\left(1 - \sum_{r=1}^{R} x_{ijr}\right) \leqslant s_i \quad j = 0,1,2,\cdots,m; i = 1,2,\cdots,m+1 \tag{9.10}$$

$$a_j \leqslant s_j \leqslant b_j \leqslant T \quad j = 0,1,2,\cdots,m+1 \tag{9.11}$$

式(9.3)表示客户需求的总和恰好等于该地区的总需求；式(9.4)～式(9.6)表示每个配送点可以且仅被服务一次；式(9.7)～式(9.8)表示每个车辆从配送中心开始并且最终返回到配送中心；式(9.9)表明每辆车载货量不得超过车辆的载重量；式(9.10)～式(9.11)表明车辆配送时间可以满足一小部分客户的特殊要求。

Milena等将实数编码的方法(2013)用于本研究，以序列编码的方式，为每个配送点被分配序列号，其中0表示递送中心。每个染色体含有$m+R+1$基因。随机产生100个个体作为初始解，并且测试它们以消除不期望的个体并产生新个体，直到所有的100个个体满足要求(Pache, 2010)。根据适应度函数，即式(9.12)，通过"轮盘赌算法"选择亲代。

$$\min z = \sum_{r=1}^{R} \sum_{i=0}^{m+1} \sum_{j=0}^{m+1} x_{ijr}(d_{ij}/v) + M \sum_{r=1}^{R} \max\left(\sum_{j=1}^{m} y_{jr} q_j - Q_v, 0\right) \tag{9.12}$$

式(9.12)将车辆重量约束集成到目标函数中。当车辆载荷超过自重时，M是作为惩罚因子的无穷数。模式C中的计算方法不同于其他两种模式。模式C几乎没有容量限制，因此首先基于欧几里得距离对配送点进行一次聚类分析。为了简化计算，假设自助服务机柜位于每个服务区域的中心。因此，本书使用K均值聚类算法。

目标函数：

$$\sum_{j=1}^{m} \min_{i \in \{1,2,\cdots,k\}} \| o_j - P_i \|^2 \tag{9.13}$$

约束条件：

$$\overline{O_j} = \frac{1}{|L_j|} \sum_{o \in L_j} o \tag{9.14}$$

$$E = \sum_{j=1}^{k} \sum_{o \in L_j} |o - \overline{o_j}|^2 \tag{9.15}$$

式中，o_j是客户点的位置；P_i是L_j的平均值；E是出错总量。式(9.14)是更新簇的平均值；式(9.15)是所提出的算法的计算原则。聚类后路线将调度集群中心作为配送点以优化配送。

9.2.3 有关 t^s（服务时间）的分析

同时测试不同模式下完全相同货物的交货时间在实际物流中是不可行的。一方面，很难将三种模式在同一环境中的实践；另一方面，它涉及物流服务提供商的一些商业秘密(Wang 等，2013；Ducret 等，2013)。根据基本人口密度，随机设置 30 个配送点以代表 $25km^2$ 区域中的相应 30 个区域是合理的(Durand 等，2012)。每个区的订单数量不足 40 个，足以设置一个公共自助服务柜。在模式 C 中，首先集中 30 个配送点，并且将情况的范围设置为 $25km^2$，设置 5 个自提取柜。

已经证实轻型卡车更适合作为 M.D.Yap(2016)的模式 S 中的运载车辆。相应的参数设置如下：

(1) 订单数目为 800；
(2) 平均时速为每小时 60km；
(3) 每辆车每天工作 10h；
(4) 每辆车的平均停车时间为 2min；
(5) 平均服务时间为 1min。

从 Stanislaw lawn (2016)的研究中也可以知道，客户和自助服务柜之间的距离应不超过 1km，以满足客户的需要。就模式 C 而言，参数设置如下：

(1) 订单数目为 800；
(2) 平均时速为每小时 60km；
(3) 每辆车每天工作 10h；
(4) 每辆车的平均停车时间为 1min；
(5) 平均每次服务时间为 0.5min。

为了验证不同模式下的配送效率，基于 QBFO 计算配送效率的相关值。不同情况下的三种模式的参数如表 9.1 所示。

表 9.1 不同模式的参数对比

	模式 D			模式 S			模式 C		
配送距离(km)	62.4	62.4	62.4	30.8	30.8	30.8	12.9	12.9	12.9
订单数	378	756	1512	378	756	1512	378	756	1512
停靠时间(min)	40	40	40	40	40	40	8	8	8
车辆数目	5	7	10	2	3	5	1	2	3
t^r(min)	82.6	82.6	82.6	23.7	23.7	23.7	10.4	10.4	10.4
t^w(min)	60	60	60	60	60	60	20	20	20
t^s(min)	1860	3635	7368	372	728	1465	74.4	146.7	241.4

续表

	模式 D			模式 S			模式 C		
全部时间(min)	2042.6	3817.6	7550.6	495.7	851.7	1588.7	112.8	185.1	279.8
每份平均时间(min)	5.40	5.05	5.0	1.31	1.13	1.05	0.30	0.24	0.19

从表 9.1 可以看出，模式 C 是效率最佳的，而模式 D 的效率是最差的。为了进一步研究订单数量对不同模式效率的影响，配货数量变为 1512。从上面的表格可以看出，三种模式的平均交货时间均随订单数量的变化而改变。当订单数量分别为 378、756 和 1512 时，三种模式下单位订单的时间比分别是 1∶0.24∶0.056、1∶0.22∶0.048 和 1∶0.21∶0.038。不同模式的服务时间如图 9.1 所示。

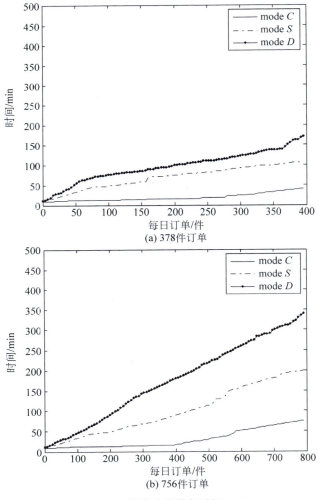

图 9.1　不同模式的服务时间(min)

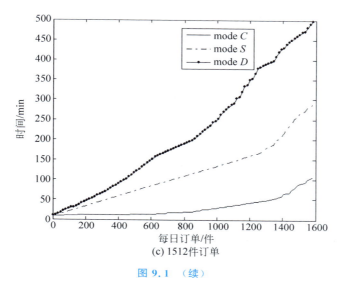

(c) 1512件订单

图 9.1 （续）

从图 9.1 可以看出，模式 C 的效率随着订单数量的增多而提高，其主要原因在于模式 C 的速度能够有效降低 t^s 的值。

9.3 改进的量子细菌觅食算法

常见的细菌觅食优化算法（BFOA）是 Passion 和 Breg 提出的基于模拟细菌觅食行为的全局最优算法（Zhang guo-yong 等，2013）。Chatzis S P(2011)指出，没有交流的细菌收敛速度和精确度都比有交流时更好。对于多维和复杂的优化问题，在提前收敛的情况下很难获得全局最优解。

根据 NFL 的定理（Keller Robert A 等，2015），研究人员改进了结合了差分进化的 BFO，配送和免疫算法的估测（宁涛等，2016；Amir H. Khataie 等，2013）。然而，在多维峰值函数的优化过程中可能会出现一些缺点，如较低的优化精度和成功率。Yuting Zhang 提出了一种基于细菌趋化行为的量子算法（G. Vijaychakaravarthy 等，2014）。Amir H. Khataie(2013)尝试通过使个体在粒子群优化的基础上感知群体的最佳位置来提高 BFO 的性能。Sabre(2012)在粒子解空间中使用了量子个体的离散方法来求解整数规划。Chatzis(2011)从加速收敛速度、提高局部搜索精度和降低控制参数的角度改进了 BFO。

9.3.1 传统的 BFOA 算法

常见的（BFOA）(Chatzis S P,2011)是一种基于全局随机搜索的算法，其主要操作包括趋化、繁殖和消除。趋化性是 BFOA 的核心，包括翻滚和泳动。当细菌个体要搜索营养素时,它将转向搜索更好的适应值,直到它达到趋化性的最大数目或遇到更坏的解决方案。然后根据一个周期内所有个体的适应值,消除一半具有较弱觅食能力的个体,同时,另一半个体将被复制以保持细菌种群的数量。消除是为了创建新的细菌个体以保持细菌的总数,因为某些个体可能在搜索过程中死亡,这也有利于趋化跳出局部优化。如果消除达到足够的迭代,该算法将结束(Xu J.J,2013)。

9.3.2 改进的 QBFO 描述

如果过短的步长将导致在进化过程中个体之间缺乏有效的信息共享,这对于群体的多样性是不利的;如果步长太短,就可能过早收敛;如果步长过大,将导致收敛太多而不能获取最优解(Zhang guo-yong 等,2013)的概率。因此,利用固定步长难以有效地控制最优解在实际问题中的应用。考虑到量子理论可以使个体出现在整个可行搜索空间的任何位置,具有强全局搜索性能和种群的随机性(宁涛等,2016),本章在此基础上提出了改进的 QBFO。利用繁殖期细菌种群的共享信息,构造了量子空间细菌种群的概率密度函数。

在量子空间中,单个细菌的状态和位置是不确定的,它们由波函数 $\psi(Y,t)$ 确定。个别位置的概率密度函数表示为 $|\psi|^2$。在吸引子的每个维度上建立了基于 Delta 势阱模型的吸引势。势能函数可以表示为:$V(Y)=-\gamma\delta(Y)$。其中,γ 是矢径,$Y=x_{id}-P_d$ 是个体位置 x_{id} 与吸引子 P_d 之间的距离。将其引入 Schrodinger 方程即式(9.16)以在每个维度上获得个体每一维的波函数 $\psi(Y)$(如式(9.17)所示)和概率密度函数 $Q(Y)$(如式(9.18)所示),其中 $\hbar$ 是普朗克常数,m 表示粒子的质量,L 表示 Δ 势阱的特征长度。

$$jh\frac{\partial}{\partial t}\psi(Y,t) = \left[-\frac{\hbar^2}{2m}\nabla^2+V(Y)\right]\psi(Y,t) \tag{9.16}$$

$$\psi(Y) = \frac{1}{\sqrt{L}}e^{-|Y|/L} \tag{9.17}$$

$$Q(Y) = |\psi(Y)|^2 = |\psi(x_{id}-P_d)|^2 = \frac{1}{L}e^{-2|x_{id}-P_d|/L} \tag{9.18}$$

个体在势场中的运动遵循上述 $|\psi|^2$,并且其位置是不确定的。在实际应用中,单个细菌必须在任何时间具有一定的位置,因此,本书将通过蒙特卡罗模拟得到个体运动方程。u 取介于 $(0,1)$ 的随机数,$u=e^{-2|x_{id}-P_d|/L}$,则个体 i 的 d 维变量的位置更新方程如式(9.19)所示,x_{id} 表示个体位置:

$$x_{id} = P_d \pm \frac{L}{2}\ln(1/u), u \sim U(0,1) \tag{9.19}$$

$$L = 2\beta \cdot |\text{mbest} - x_{id}(t)| \tag{9.20}$$

在式(9.20)中,β 是收缩膨胀系数,且 $\beta<1.782$,以确保算法的收敛性(Wang,2013)。

该方法是根据进化代数式(9.21)将 β_1 线性地改变为 β_2，mbest 是群体中最佳位置矢量的平均值(如式(9.22)所示)。

$$\beta = \frac{(\beta_1 - \beta_2) \times (\text{MAXIER} - t)}{\text{MAXIER}} + \beta_2 \qquad (9.21)$$

$$\text{mbest} = \sum_{i=1}^{M} P_i / M = \left[\sum_{i=1}^{M} P_{i1}/M, \sum_{i=1}^{M} P_{i2}/M, \cdots, \sum_{i=1}^{M} P_{iD}/M \right]^{\mathrm{T}} \qquad (9.22)$$

考虑到固定步骤的缺点，本书提出了一种动态缩进控制策略，在收敛的前提下扩大搜索空间。

QBFO 的实施步骤如下：

(1) 初始化参数。包括 s 为个体细菌数，N_{ed} 为迁移时间，N_{re} 为繁殖时间，N_c 为趋化性时间，N_s 为泳动时间和 P_{ed} 为迁移概率。

(2) 初始化种群。在解空间中随机产生 x_i 的个体细菌载体。

(3) 计算各细菌的适应度函数 J。

(4) 开始循环。转移周期 $l=1:N_{ed}$；生殖周期 $k=1:N_{re}$；趋化周期 $j=1:N_c$。

(5) 开始趋化。对每种细菌 i 进行以下操作：

① 转向：生成随机向量 $\Delta \in R^n$ 以调整方向，Δ 向量中的每个元素是 $[-1,1]$ 中的随机数。根据式(9.10)更新单个细菌 $x_{id}(d=1,2,\cdots,D)$ 的位置，其余 $D-1$ 变量保持不变。

$$x_{id}(j+1,k,l) = x_{id}(j,k,l) + C(i,j)\phi(i) \qquad (9.23)$$

$$C(i,0) = x\_\max_d - x\_\min_d \qquad (9.24)$$

$$\phi(i) = \frac{\Delta(i)}{\sqrt{\Delta^{\mathrm{T}}(i)\Delta(i)}} \qquad (9.25)$$

其中，$C(i,j)$ 表示前向泳动的步长，$\phi(i)$ 表示旋转后的随机方向。

② 泳动：评估 $x_i(j+1,k,l)$ 的适应度，如果适合度高于 $x_i(j,k,l)$，$x_i(j,k,l)$ 将根据移动的方向被替换并泳动，直到适应度值不再改善或达到最大步数为止。

③ 令 $d=d+1$，如果 $d=D$，则转到步骤④，否则转到步骤①继续操作下一个变量。

④ 令 $j=j+1$，根据式(9.26)中的动态缩进策略改变个体细菌的泳动步骤，其中 A 为动态缩进系数。

$$C(i,j+1) = A \cdot C(i,j) \qquad (9.26)$$

(6) 基于量子行为的繁殖。在完整的趋化周期之后，当前的个体最佳位置和全局最佳位置将更新。根据式(9.23)计算种群的平均最佳位置最大值，并根据式(9.19)更新其位置。

(7) 迁移。根据能量对所有细菌进行排序,并根据随机初始化迁移适应度较低的细菌(s, Ped)。

(8) 判断循环是否完成。

9.4 QBFO 的性能分析

为了提高"最后一公里"问题的求解能力,提出了基于动态缩进的步长控制策略。

9.4.1 初始值的设置

引入五个经典测试函数(如表 9.2 所示),以测试 QBFO 的性能。本书将五个测试功能的尺寸设置为 30,种群数设为 40,设收缩膨胀系数 $\beta_1 = 1$、$\beta_2 = 0.5$,迁移概率为 0.25,迁移次数 $N_{ed} = 3$,繁殖次数 $N_{re} = 5$,趋化次数 $N_c = 20$,泳动次数 $N_s = 4$,动态缩进系数 $A = 0.7$。则总趋势迭代次数 $\text{MAXIER} = N_{ed} \cdot N_{re} \cdot N_c = 300$。

表 9.2 标准测试函数

测试函数	函数	搜索范围	种类
Rosenbrock	$f_1(x) = \sum_{i=1}^{n-1}(100 \cdot (x_{i+1} - x_i^2)^2 + (x_i - 1)^2)$	$[-15, 30]$	单峰值
Rastrigrin	$f_2(x) = \sum_{i=1}^{n}(x_i^2 - 10 \cdot \cos(2\pi x_i) + 10)$	$[-5.12, 5.12]$	多峰值
Griewank	$f_3(x) = \frac{1}{4000}\sum_{i=1}^{n} x_i^2 - \prod_{i=1}^{n} \cos\left[\frac{x_i}{\sqrt{i}}\right] + 1$	$[-600, 600]$	多峰值
Ackley	$f_4(x) = 20 + e - 20e^{-\frac{1}{5}\sqrt{\frac{1}{n}\sum_{i=1}^{n} x_i^2}} - e^{\frac{1}{n}\sum_{i=1}^{n}\cos(2\pi x_i)}$	$[-32, 32]$	多峰值
Schwefel	$f_5(x) = 418.9829 \cdot n - \sum_{i=1}^{n} x_i \sin\sqrt{|x_i|}$	$[-100, 500]$	多峰值

9.4.2 绩效评估

为了评估 QBFO 的时间复杂度,本章从 3 方面对性能进行评估:固定进化代数下的最优解收敛过程、平均进化代数和成功率(如表 9.3 所示)。其中第 1 项在一定程度上反映了算法的收敛速度,平均进化代数反映了演化速度,成功率反映了算法的可靠性。

表 9.3 运行 20 次后的搜索成功率和平均迭代次数

函数	终止条件	搜索成功率/%			平均迭代次数			平均终止时间/s		
		QBFO	QPSO	IBFO	QBFO	QPSO	IBFO	QBFO	QPSO	IBFO
f_1	1.0	100	0	0	668	—	—	1.598	—	—
f_2	1.0	100	0	0	606	—	—	1.437	—	—
f_3	1.0e-5	100	41	37	478	886	791	0.990	1.930	1.752
f_4	1.0e-5	100	100	10	561	675	945	1.161	1.515	2.102
f_5	1.0	100	0	0	722	—	—	1.623	—	—

细菌泳动数量记为 4,如果在迭代次数为 1000 后没有获得给定值,则认为该算法已被收敛于局部最优解。将 QBFO 与一些现有的经典算法进行比较,包括 IBFO(Xiujuan Lei 等,2013)和 QPSO(Xinyi Sheng 等,2015)。从表 9.3 可以看出,使用 QPSO 和 IBFO 的成功率很低,而使用 QBFO 的成功率可以达到 100%。对于 f_3 和 f_4,它可以使用 QPSO 和 IBFO 实现一定的成功率,但进化代数同时显著增加,两种算法的可靠性差。对于 f_1 和 f_2,由于存在接近最优值的陡峭区域,因此容易处于过早收敛。f_5 的复杂度取决于局部最优解,因此,QPSO 和 IBFO 难以搜索全局极值并实现功能优化。因此,QBFO 具有较高的适用性,可以获得多峰和高维问题的全局最优解。

9.4.3 基于 MAGTD 的调度决策

本章引入了多属性灰度目标决策模型(MAGTD)来选择最满意的方案,这是基于灰色系统理论的多目标决策方法(Erkan Kose et al.,2013),步骤如下。

(1) 构建包含 m 个评估指标和 k 个调度方案的效应样本矩阵 $\boldsymbol{G}=(g_{ij})_{m\times k}$,该方案基于 QBFO 获得 Pareto 最优解,则每个索引的权重向量可以表示为:$\omega=(\omega_1,\omega_2,\cdots,\omega_m)$;

(2) 通过线性变换算子在[-1,1]的范围内变换上述 $\boldsymbol{G}$,得到决策矩阵 $\boldsymbol{D}=(d_{ij})_{m\times k}$;

(3) 获得最佳效果向量(称为靶心);

(4) 使用式(9.27)计算靶心的距离;

$$\xi_i=|d_i-d|=\sqrt{\omega_1(d_{i1}-d_1^0)^2+\omega_2(d_{i2}-d_2^0)^2+\cdots+\omega_m(d_{im}-d_m^0)^2} \quad (9.27)$$

(5) 最优方案将按升序获得。

9.5 案例研究

在本章中使用 QBFO 对 CMTnX 算例(宁涛等,2016)运行 30 次来验证算法的效率。

9.5.1 仿真示例

相同任务下的行驶距离是测量算法效率的重要标准。为了测试量子计算对最优解搜索的影响,使用 QBFO 和 BFO 计算 CMT5X 的例子,将迭代次数设为 400。两种算法的最优解分别为 31 和 28,使用 QBFO 和 BFO 的收敛曲线如图 9.2 所示。

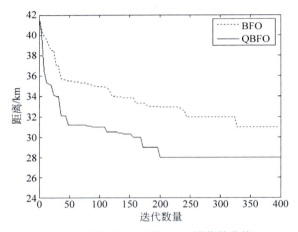

图 9.2 使用 QBFO 和 BFO 的收敛曲线

从图 9.2 中可以看出,使用 QBFO 算法在第 200 代可以获取最优值 28,而使用 BFO 在第 335 代可获取最优值 31。

9.5.2 实例测试

为了进一步验证 QBFO 的有效性,BFO、IBFO、QPSO 和 QBFO 的算法用于解决某物流公司配货中心的 350 个订单的交货工作。用户需求信息如表 9.4 所示。

表 9.4 用户需求量信息

用户	坐标	需求量	用户	坐标	需求量	用户	坐标	需求量
1	[10,22]	1	9	[24,17]	0.3	17	[20,11]	0.5
2	[25,16]	0.4	10	[23,8]	1.2	18	[17,19]	1.1
3	[8,14]	0.3	11	[22,11]	0.5	19	[19,9]	0.7
4	[22,15]	0.6	12	[19,16]	0.9	20	[16,14]	0.9
5	[13,18]	0.9	13	[19,21]	0.9	21	[4,23]	0.3
6	[23,11]	0.5	14	[16,14]	1.1	22	[8,19]	1.4
7	[16,25]	0.2	15	[18,23]	0.3	23	[6,10]	1.6
8	[23,7]	0.7	16	[21,12]	0.8	24	[9,17]	0.9

在 200 次迭代中，72 个最优解可以用 QBFO、QPSO 和 IBFO 进行搜索，但 BFO 只有 77 个。在收敛速度方面，QPSO 和 IBFO 比 QBFO 快得多。从图 9.3 可以看出，使用 IBFO 在第 88 代获取最优解，使用 QPSO 在第 59 代获取最优解，而用 QBFO 在第 33 代就获取最优解，其搜索效率明显优于其他三种方法。不同算法的收敛效果比较如图 9.3 所示。

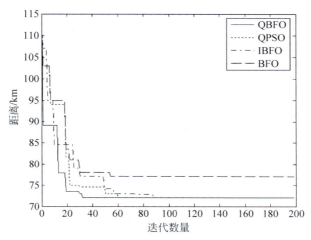

图 9.3　不同算法的收敛效果比较

9.5.3　不同配送模式下的成本比较

根据上述三种模式的交货效率研究，结合顺丰（SF）、申通（ST）、中通（ZT）等主要电子商务物流服务提供商的实际调查数据，本章建立了每天 500 个订单的交货成本模型，如图 9.4 所示。从图 9.4 可知，不同配送模式下，配送效率的高低与运送成本之间未必有直接的因果关系。当每日订单小于 60 时，模式 D 的成本比其他两种模式有优势，同时模式 S 的成本大于模式 C 的成本。但模式 D 的效率并不是最好的，随着订单的增加，运输成本也将迅速增加。如果订单数量超过 240 个，模式 D 的成本最高，模式 S 的成本主要由自助柜的价格决定，而模式 C 由成本支付给第三方。如果支付给第三方的佣金可以控制在一定的小范围内，模式 C 的成本总是低于模式 S 的成本。

针对不同交付模式下的客户满意度设计问卷。结果表明，模式 S 因其便利性而使其满意度远高于模式 C 的满意度。在模式 C 中，不仅客户的负担和时间成本增加了，还增加了订单丢失和错误取件的隐患。

在实际交付过程中，仅仅考虑效率是不够的，已有的研究较少考虑决策者主观偏好对最终调度结果的影响。因此，引入基于灰度级算法的 MAGTD，同时考虑到

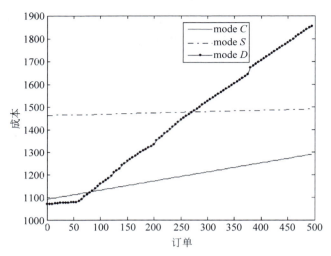

图 9.4 不同配送模式下的成本比较

配送效率、成本和客户满意度来选择最优解。MAGTD 的策略用于从 Pareto 集中获得最满意的解决方案,包括效率、成本和满意度的三组 Pareto 解决方案如表 9.5 所示。

表 9.5 用 QBFO 获取的 3 组 Pareto 最优解

编号	效率	成本	满意度
1	48	213.0	37
2	47	211.6	38
3	50	214.9	36

使用 QBFO 获得三组非支配解,并且可以通过 MAGTD 选择最满意的解决方案。

根据表 9.5 的结果,建立了如下最优调度方案的样本矩阵:

$$G = \begin{bmatrix} 48 & 213.0 & 37 \\ 47 & 211.6 & 38 \\ 50 & 214.9 & 36 \end{bmatrix}$$

每个目标的权重向量可以使用 Delphi 方法(Freeman Elmer 等,2014)表示为 (0.4538,0.3561,0.1901),决策矩阵 D 如下所示:

$$D = \begin{bmatrix} 1 & -1 & 0.4999 \\ 0 & 0.5000 & -1 \\ -1 & 0.5000 & 0.4999 \end{bmatrix}$$

然后矢量(靶心)的最佳效果如下所示:$d = (1, 0.5000, 0.4999)$。每个调度方案中的靶心的距离可以根据式(9.20)求解

$$\xi_1 = 0.7188; \quad \xi_2 = 1.3473; \quad \xi_3 = 0.9564$$

根据上述升序排列的最优调度顺序如下：方案1、方案3、方案2，即方案1是最优的，其对应的解是(48,213.0,37)。调度方案1配送路径、满载率和配送距离值如表9.6所示。

表9.6 配送信息

车辆	路线	满载率	配送距离/km
1	0—20—15—23—14—0	95%	72.85
2	0—2—24—22—19—16—0	94%	94.6
3	0—10—21—17—13—7—0	90.6%	94.36
4	0—12—3—4—0	65%	68.78
5	0—1—6—9—5—11—18—8—0	97.55%	96.35

9.6 本章小结

（1）模式 C 的效率对订单数量更为敏感。如果订单数量不超过80个，则模式 D 的效率相对较高。否则，模式 C 是最好的。

（2）考虑到车辆的成本，如果订单不是太多，模式 D 具有显著的优势。

（3）模式 C 的费用涉及第三方合作商店的投产，而模式 S 的成本涉及自助柜的成本。因此，随着订单数量的增加，选择模式 C 或 S 的决定取决于具体的佣金成本和柜体的成本。

（4）QBFO 可以发挥量子和细菌的优势，避免局部优化，提高搜索速度的最优解。

（5）MAGTD 的引入可以保证在实际过程中选择最令人满意的"最后一公里"的送达模式。

未来的研究工作应该是考虑如何在降低成本和提高配送效率的同时，减少自助柜及车辆的碳排放和电力消耗，从而达到绿色配送的目的。

第10章

智能量子算法在物流配送干扰管理中的应用

物流企业发展的瓶颈难题之一是如何快速响应终端顾客需求的变化,在最小化扰动初始调度方案的前提下生成新的调整方案,为顾客提供满意、高效的配送服务。在实际配送中,顾客需求或配送时间窗变化等不确定问题的出现,会影响初始调度方案的执行。对物流配送中的不确定扰动问题进行管理属于干扰管理的范畴,干扰管理的关键是把对初始方案的调整控制在尽可能小的范围内,以达到扰动最小的效果。其中,顾客需求变化情况下的同时取送货配送车辆调度问题是典型的干扰管理问题,它不仅会影响需求发生变化时的顾客满意度,还关系到配送车辆的成本变化及后续调度方案的调整。

10.1 应用背景

国内外相关领域的学者从多个角度对有不确定变化情况的物流配送调度进行了探索性研究,研究方法可归纳为三类。第一类方法主要围绕对物流车辆配送方案的重新调度,针对时间窗变化、顾客需求变化、自然灾害应急配送、配送车辆行驶受扰等多种情况进行研究,有学者分别考虑了客户等级划分优先、配送地点变化优先、加权配送成本最小化优先,以及启发式算法优化等问题,这类方法较少地考虑原配送方案,容易造成原方案中配送时间窗的变化和顾客满意度的降低。第二类方法主要围绕配送动态变化应急预案进行研究,运用专家系统、机器学习、经验分析等预测不同环境下可能发生的干扰事件,旨在采用相应预案措施降低干扰事件对原配送方案中各因素的影响,有学者基于跟踪鲁棒预测控制、浮动车数据预测、配送车辆预测序列模式挖掘以及可变预测时域等角度展开研究,这类方法的局限性在于无法保证对干扰事件预测的准确度,从而影响实时调度的效果。第三类方法主要基于干扰管理的思想,根据问题的扰动程度和性质,建立对应的优化模型,并设计有效的策略来实时调整初始方案,以生成最小化扰动的更新方案,满足顾客的要求,但现有的研究主要针对车辆路径问题展开,通常将同时取送货配送需求问题分解为取货和送货两个无交叉的子过程,这不仅与实际问题有较大差距、会出现配送路径重复的情况,当顾客需求发生变化时,还会导致原配送问题复杂度的增加。

由上述分析可以知道,尽管在不确定变化情况下的物流配送中,已有学者从多个角度进行了富有成效的研究,但对顾客需求变化的同时取送货情况有待于深入研究。目前研究使用基于预测和重调度的方法可能对配送系统全过程产生较大的扰动,影响配送方案调整的准确性以及对顾客服务的质量。本章对顾客需求变化扰动下配送车辆干扰管理的研究主要从扰动事件辨识、多目标干扰管理建模,以及问题求解优化算法几方面进行,考虑将相同顾客的取货和送货需求构建为1次服务模型,提出基于前景理论的扰动度量策略以及混合量子细菌觅食调度算法。通过标准算例测试和与几种经典算法对比,验证了所提出方法的有效性和管理能力。

10.2 干扰管理模型

10.2.1 问题描述

顾客需求变化下的同时取送货配送调度干扰问题在文献[43]模型的基础上,建立需求变化扰动模型,生成干扰事件发生后的优化调度方案。问题可定义为配送系统由1个车场点 v_0 和 n 个客户点 $v_1,v_2,\cdots,v_n$ 组成,每个顾客的取货量 p 和送货量 q 都不超过最大载货量。车辆离开配送中心后,需要对 $n(n\leqslant N)$ 个顾客进行服务,在没有发生任何干扰的情况下,初始配送方案满足所有顾客需求和时间窗要求;当车辆 k 完成对顾客 i 的服务后,在驶向顾客 j 的过程中顾客需求发生变化,先进行干扰事件辨识,再根据辨识结果决定增派车辆或重新规划未配送顾客路线,这将增加派车成本或影响后续顾客的时间窗要求——称车辆 k 遇到顾客需求变化的干扰事件。

本章引入时间窗偏离度惩罚系数将顾客时间窗偏离转换为广义费用偏离,这就将初始方案的顾客时间窗偏离和增加运输成本问题统一转换为最小化广义费用偏离问题。

图10.1为配送车辆的干扰管理示意图,其中图10.1(a)所示为初始行车计划,图10.1(b)所示为发生了干扰事件后进行调度管理的行车路线。车辆 k_1 在从客户点10到客户点11过程中的 i 点遇到了顾客12的需求变化干扰事件,该新增需

求导致 k_1 无法完成对客户点 11 的服务,此时 k_3 未离开客户点 8,局部调度管理结果如图 10.1(b)虚线所示。该示例中,车辆 k_1 由原计划路径"…10→i→11→12…"变为"…10→i→12…",路径偏离为"i→11","11→12"的减少以及"i→12"的增加;车辆 k_3 由原计划路径"…7→8→0"变为"…7→8→11→0",路径偏离表现为"8→0"的减少和"8→11","11→0"的增加。

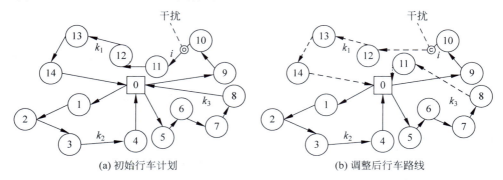

图 10.1 配送车辆的干扰管理示意图

在实际配送中,顾客需求变化产生的干扰事件产生两种结果:一种是不增派车辆的时间窗和路径偏离;另一种是增派车辆。考虑可利用的调整时间有限,则需要先对顾客需求变化是否产生干扰进行辨识。

10.2.2 干扰辨识及管理模式

当同时取送货配送车辆服务的顾客需求发生变化时,需要根据顾客需求变化量和当时车载能力来判断是否产生干扰,一般从如下几种情况进行干扰辨识。

(1) 顾客需求的时间窗提前,导致需求变化后的时间窗最晚服务时间早于原方案的最早开始服务时间,该情况属于干扰事件;

(2) 顾客需求的时间窗推迟,导致需求变化后的时间窗最早开始服务时间晚于原方案的最晚服务时间,该情况属于干扰事件;

(3) 配送车辆上剩余的货物不能满足顾客新增的送货需求,该情况属于干扰事件;

(4) 配送车辆空余的载货量少于顾客新增的取货需求,该情况属于干扰事件。

针对上述事件,存在如下三种干扰管理模式:当前车辆的路线调整策略、不同车辆间的互助策略以及增派策略。特殊情况下可能采取混合策略。

模式 1:干扰事件发生时,在车辆载货量满足其顾客需求变化的前提下,调整当前车辆服务不同顾客的顺序。

模式2：干扰事件发生时，选取距离需求变化顾客较近且有足够的载货量的非当前车辆为协助车辆，尽量减少对原配送方案产生较大的偏离。

模式3：干扰事件发生时，当前车辆和正在运行的其他车辆均不能满足顾客需求变化量，则增派配送车辆。

对于第1种模式：干扰事件发生时，地理位置相近、时间窗偏离度较小的用户在车辆载货能力满足其配送需求的前提下优先被考虑；调度人员在遵循"初始路线改动尽量少"的前提下，对同一车辆服务的不同用户顺序进行局部调整；在调整过程中尽量使配送车辆"不走回头路"。

对于第2种模式：干扰事件发生时，有足够的载货能力、距离待救援用户点比较近的"非受扰"车辆可被选为协助车辆，协助车辆应避免对原初始行车方案产生较大的时间窗偏离。

$$\min Z_1 = \sum_{k \in V'_m} \sum_{m \in \{0\} \cup D} \sum_{i \in R} \sum_{j \in R_1} (x_{ij}^{mk}(S_{ik}^{m'} - S_i|) + \lambda w_i) + \mu(1 - x_{ij}^{mk})) \tag{10.1}$$

式中，λ 表示在客户点等待的惩罚权值，μ 表示对客户进行服务的惩罚权值，$S_{ik}^{m'}$ 表示虚拟车场 m 的车辆 k 在客户点 i 开始服务，x_{ij}^{mk} 表示车场 m 的第 k 辆车从客户点 i 到客户点 j，D 表示虚拟车场，R 表示干扰发生时所有在途车辆未服务的客户点集合。

对于第3种模式：如果不存在行驶车辆对部分未服务用户合理的救援路线，可以选择新增车辆的救援模式。

$$\min Z_2 = \theta \sum_{k \in (V'/V) \cap k \in V'_m} \sum_{m \in \{0\}} \sum_{j \in R} t_{0,j}^{mk} + \sum_{k \in V'_m} \sum_{m \in \{0\} \cup D} \sum_{i \in R_1} \sum_{j \in R_1} (x_{ij}^{mk} | t_{ij}^{mk} | + \sigma(1 - x_{ij}^{mk}) | t_{ij}^{mk} |) \tag{10.2}$$

式中，θ 表示新增车辆的惩罚权值，σ 表示对未服务客户点的惩罚权值，t_{ij}^{mk} 表示 m 车场的第 k 辆车从客户点 i 到客户点 j 的行驶时间。

10.2.3 问题目标函数

1. 模型假设与符号定义

本章对拟解决的顾客需求变化干扰管理问题作如下假设：

- 配送车场数目为1，配送车辆数目为有限数量；
- 所有配送车辆都是同型的（载货能力相同）；
- 每个顾客都有时间窗要求；
- 顾客的需求都是可变化的；
- 未发生干扰事件前，每个顾客仅能由一辆车提供服务。

定义符号如下。

N：客户点总数量；K：配送车辆总数量；k：配送车辆；Q：车辆的最大载货量；Q_k：扰动发生后车辆k的剩余载货量；H_k：扰动发生后车辆k已装载的取货量；L：发生干扰事件时的车辆；i,j：客户点；i^*：扰动发生时正在服务的客户点；c_{ij}：客户点i到客户点j之间的配送成本；e_i：客户点i软时间窗最早开始服务时间；l_i：客户点i软时间窗最晚服务时间；α：早于e_i的惩罚系数；β：晚于l_i的惩罚系数；t_i：到达客户点i的实际时间；C：对客户点i服务的成本；$\mu(t_i)$：延迟模糊因子；ω_{ijk}：车辆k从客户点i到客户点j的载货量；p_j：扰动发生后顾客j的取货量；q_j：扰动发生后顾客j的送货量；m_i^1：顾客i的硬时间窗最早服务时间；m_i^2：顾客i硬时间窗最晚服务时间；$y_{ik} = \begin{cases} 1, & \text{用户}i\text{被车辆}k\text{服务} \\ 0, & \text{其他} \end{cases}$。

2. 目标函数

针对配送过程产生的顾客需求变化干扰，本章构建的数学模型包括两个目标，即最小化干扰后的配送成本和顾客时间窗的偏离度。发生干扰事件后，为统一量纲，用偏离初始方案时间窗的惩罚值来表示顾客时间窗偏离度，通过对时间偏离度的系数加权将问题转换为单目标模型进行求解，构建数学模型如下：

$$\min Z = \sum_{k=1}^{L}\sum_{i=1}^{N}\sum_{j=1}^{N} c_{ij}x_{ijk} + \sum_{k=L+1}^{K}\sum_{i=1}^{N}\sum_{j=1}^{N} c_{ij}x_{ijk} + \sum_{i=1}^{N}[\alpha C0.5\% + \beta C1\%]$$ (10.3)

其中，$x_{ijk} = \begin{cases} 1, & \text{车辆}k\text{从用户点}i\text{到}j\text{的过程有干扰延迟} \\ 0, & \text{无干扰延迟} \end{cases}$

式(10.3)代表广义总成本偏离最小，包括配送车辆在干扰事件发生前的客户点至干扰事件发生点之间的配送成本、干扰事件发生后更新路线的配送成本，以及顾客时间窗偏离惩罚成本。

设计早于e_i的惩罚系数α如下：

$$\alpha = \begin{cases} (m_i^1 - t_i)(e_i - m_i^1), & t_i < m_i^1 \\ [1/\mu(t_i)], & t_i \in (m_i^1, e_i) \\ (e_i - m_i^1), & t_i = m_i^1 \end{cases}$$ (10.4)

设计晚于l_i的惩罚系数β如下：

$$\beta = \begin{cases} (t_i - m_i^2)^2(m_i^2 - l_i), & t_i > m_i^2 \\ [1/\mu(t_i)]^2, & t_i \in (l_i, m_i^2) \\ (m_i^2 - l_i), & t_i = m_i^2 \end{cases}$$ (10.5)

$$\mu(t_i) = \begin{cases} 0, & t_i \leqslant m_i^1 \\ \dfrac{t_i - m_i^1}{e_i - m_i^1}, & m_i^1 < t_i < e_i \\ 1, & e_i \leqslant t_i \leqslant l_i \\ \dfrac{m_i^2 - t_i}{m_i^2 - l_i}, & l_i < t_i < m_i^2 \\ 0, & m_i^2 \leqslant t_i \end{cases} \tag{10.6}$$

时间差的最小值为单位时间,(m_i^1, e_i) 和 (l_i, m_i^2) 表示软时间窗在硬时间窗的补集。在 (m_i^1, e_i) 中,惩罚系数与满意度成反比,当提前送货的满意度为 0 时,惩罚系数与时间差 $(m_i^1 - t_i)$ 成正比;在 (l_i, m_i^2) 中,惩罚系数与满意度的二次方成反比,当拖后交货的满意度为 0 时,惩罚系数与时间差 $(t_i - m_i^2)$ 的二次方成正比。可得提前交货惩罚值为 $\alpha C 0.5\%$,拖后交货惩罚值为 $\beta C 1\%$,其中 0.5% 和 1% 是基于文献[44]研究结果进行设置的。

3. 约束条件

问题的约束条件表示如下:

$$\sum_{k=1}^{K+L} y_{ik} = 1, \quad \forall\, i \tag{10.7}$$

$$\sum_{j=1}^{N+M+1} x_{ijk} = y_{ik}, \quad \forall\, i, k \tag{10.8}$$

$$\sum_{i=1}^{N+M+1} x_{ijk} = y_{jk}, \quad \forall\, j, k \tag{10.9}$$

$$\sum_{i=1}^{N} \sum_{j=1}^{N} q_j x_{ijk} + \sum_{j=1}^{N} q_j x_{i^* jk} \leqslant Q_k \tag{10.10}$$

$$\sum_{i=1}^{N} \sum_{j=1}^{N} p_j x_{ijk} + \sum_{j=1}^{N} p_j x_{i^* jk} \leqslant Q - H_k \tag{10.11}$$

$$\sum_{i=1}^{N} \sum_{j=1}^{N} q_j x_{ijk} + \sum_{j=1}^{N} q_j x_{0jk} \leqslant Q \tag{10.12}$$

$$\sum_{i=1}^{N} \sum_{j=1}^{N} p_j x_{ijk} + \sum_{j=1}^{N} p_j x_{0jk} \leqslant Q \tag{10.13}$$

$$\omega_{(N+M+1)jk} = x_{(N+M+1)jk} Q, \quad \forall\, j, k \tag{10.14}$$

$$\sum_{i=1}^{N+M+1} x_{ijk}(\omega_{ijk} - q_j) \geq 0, \quad \forall j,k \tag{10.15}$$

其中,式(10.7)表示每个顾客都必须被服务；式(10.8)和式(10.9)表示每个顾客仅能被一辆车服务；式(10.10)和式(10.11)分别表示在途配送车辆的送货量和取货量约束；式(10.12)和式(10.13)分别表示增派车辆送货量和取货量约束；式(10.14)表示配送车辆从车场出发时的满载约束；式(10.15)表示车辆载货量不能小于待服务顾客的需求量。

10.3 配送干扰管理求解算法

10.3.1 量子细菌觅食算法

细菌觅食算法是基于细菌生物寻找食物的启发式算法,算法本身不易陷入局部极值、鲁棒性强,但算法趋向操作采用固定步长,可能会在最优位置附近徘徊搜索消耗时间,导致拥有高适应度的细菌个体丢失。考虑细菌觅食算法固定步长限制了扩展搜索空间的缺点,以及量子理论在数据处理、无结构数据库搜索、保障个体在全局搜索能力可行空间的灵活性的优势,本章提出了改进的量子细菌觅食(Improved Quantum Bacterial Foraging Optimization,IQBFO)算法。

算法中细菌个体 i 的 d 维变量位置更新方程如式(10.16)所示。

$$x_{id} = P_d \pm \frac{L}{2}\ln(1/\varphi), \varphi \sim U(0,1) \tag{10.16}$$

$$L = 2\phi \cdot |\text{mbest} - x_{id}(t)| \tag{10.17}$$

其中,P_d 是吸引子,$\varphi = e^{-2|x_{id} - P_d|/L}$ 是在区间(0,1)的随机数,$\phi(\phi < 1.782)$ 是收缩膨胀系数。为了确保算法收敛性的作用,根据式(10.18)进化代数将 ϕ_1 线性地变为 ϕ_2,式(10.19)中的 mbest 表示种群最优位置矢量的平均值。

$$\phi = \frac{(\phi_1 - \phi_2) \times (\text{MAXIER} - t)}{\text{MAXIER}} + \phi_2 \tag{10.18}$$

$$\text{mbest} = \sum_{i=1}^{M} P_i/M = \left[\sum_{i=1}^{M} P_{i1}/M, \sum_{i=1}^{M} P_{i2}/M, \cdots, \sum_{i=1}^{M} P_{iD}/M\right]^{\text{T}} \tag{10.19}$$

本章提出的基于动态缩进策略的改进量子细菌算法具体步骤描述如下。

步骤 1：初始化细菌个体数量 b_n、迁移次数 N_{ed}、繁殖次数 N_{re}、趋化次数 N_c、游动次数 N_s,以及迁移概率 P_{ed} 等参数。

步骤 2：在解空间中随机生成细菌个体 i 的矢量 x_i。

步骤 3：求解所有细菌个体的适应度函数 F。

步骤 4：循环操作，其中参数为转移周期 $l=1:N_{ed}$；繁殖周期 $b_c=1:N_{re}$；趋化周期 $d_c=1:N_c$。

步骤 5：翻滚操作。用随机矢量 $\Delta \in \mathbf{R}^n$ 完成方向调整，Δ 的每个向量都是区间 $[-1,1]$ 内的随机数，由式（10.16）更新细菌个体位置 x_{id}，其余变量保持不变。

$$x_{id}(d_c+1,b_c,l)=x_{id}(d_c,b_c,l)+S(i,d_c)\eta(i) \tag{10.20}$$

$$S(i,0)=x\_\max_d - x\_\min_d \tag{10.21}$$

$$\eta(i)=\frac{\Delta(i)}{\sqrt{\Delta^T(i)\Delta(i)}} \tag{10.22}$$

其中，$S(i,d_c)$ 表示正向游动步长，$\eta(i)$ 表示旋转后方向。

步骤 6：游动操作。计算 $x_i(d_c+1,b_c,l)$ 的适应度，若优于 $x_i(d_c,b_c,l)$，则将其替换，并按移动方向游动直至适应度值稳定。令 $d_c=d_c+1$，根据式（10.23）动态缩进策略来改变个体游动步长，A 表示动态缩进系数。

$$S(i,d_c+1)=AS(i,d_c) \tag{10.23}$$

步骤 7：量子繁殖，根据式（10.19）计算 mbest，再由式（10.16）更新该位置。

步骤 8：个体迁移操作。根据所有细菌的能量进行排序，并随机迁移适应度较低的个体（b，P_{ed}）。

步骤 9：判断操作是否完成。

10.3.2 算法收敛性比较

为验证本书所提出 IQBFO 算法的性能，特选取经典的 Solomon 算例在 MATLAB 7.0 环境下使用 IQBFO 算法对 6 类问题中每类选取的 1 个标准问题独立执行 20 次，并与该领域广泛使用的 IBFO 算法、SSH（Stochastic simulation heuristic）算法和 IACO（Improved Ant Colony Optimization）算法进行比较，以验证所提出方法的可行性和效率。本书引入使用标准测试函数 Rastrigrin 作为适应度函数对比 4 种算法的性能，如式（10.24）：

$$f(y)=\sum_{i=1}^{20}[y_i^2-10\cos 2\pi y_i+10] \tag{10.24}$$

式中，$y_i \in [-100,100]$。设细菌数目为 20，最大迭代次数为 100 次。图 10.2 是 4 种算法适应度收敛曲线。从图中可以看出，本章提出 IQBFO 算法的收敛速度比其他算法显著提高，有较好的全局寻优能力。

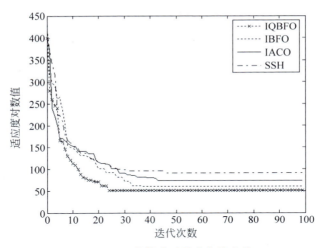

图 10.2　4 种算法适应度收敛曲线

10.4　数值实验

为了验证本章设计的干扰管理数学模型和 IQBFO 算法的性能，本节以时间窗偏离度和配送成本最小为目标进行对比分析。测试对象选择国际上该研究领域认可的 Solomon 库所包含的 100 个客户点、单车场问题 6 类算例，从均匀分布的 R1\R2 类问题、聚簇分布的 C1\C2 类问题，以及混合分布的 RC1\RC2 类问题中，每类选取三个问题。

10.4.1　测试算例

本章选取的测试环境为：操作系统 Windows 8、CPU 奔腾 G4600 处理器、内存 8GB，在 MATLAB 10 中运行算法生成初始方案。表 10.1 是针对 18 个 Solomon 算例数据，用本章算法和现有经典文献算法运行后的结果对比。

表 10.1　Solomon 算例的优化结果对比图

数据		经典车辆调度优化结果			本书优化结果		
		车辆数/辆	里程/km	文献	车辆数/辆	里程/km	顾客满意度/%
R1	01	19	1645.79	H(2008)	13	1277.35	90
	02	11	1261.40	RJH(2013)	10	1231.78	92
	05	11	1183.20	RJH(2013)	9	1130.08	93
R2	01	4	1252.37	HG(2009)	3	1009.63	94
	02	3	1198.45	HG(2009)	3	1120.33	96
	06	3	833.00	T(2004)	3	829.08	98

续表

数据		经典车辆调度优化结果			本书优化结果		
		车辆数/辆	里程/km	文献	车辆数/辆	里程/km	顾客满意度/%
C1	01	10	828.94	RJH(2013)	9	828.94	100
	05	10	828.94	RJH(2013)	10	842.07	93
	06	10	828.94	RT(2005)	10	828.94	96
C2	01	3	591.56	PB(2006)	3	568.41	98
	05	3	591.17	PB(2006)	3	566.33	95
	08	3	588.88	RJH(2013)	3	556.89	95
RC1	01	14	1696.94	TB(2007)	10	1220.24	100
	05	13	1629.44	BBB(2011)	10	1209.62	89
	06	11	1424.73	BBB(2011)	9	1106.68	94
RC2	01	4	1249.00	T(2004)	3	1198.04	93
	05	4	1302.42	HG(2009)	3	1201.86	89
	08	3	833.37	RJH(2013)	3	830.79	95

从表10.1可以看出,在求解有软/硬时间窗约束的车辆调度问题时,只有C类问题的优化不明显,其原因在于Solomon数据的该类问题是由聚类产生,客户点分布集中。从测试算例整体分析,除了C1类05问题外,使用本章IQBFO算法在车辆数目和行驶里程方面都有了一定程度的优化,其中车辆数目平均减少了15.8%,最多减少了31.6%;行驶里程平均减少了11.2%,最多减少了28.1%。所有算例的顾客满意度都稳定在较高的水平,平均满意度是94%。因此,本章提出的算法在生成配送调度方案方面是有效的。

10.4.2 算例验证

1. 算例设计

干扰管理遵循"初始路线改动尽量少"的原则,采取局部调整相同车辆服务的用户配送顺序,或求助满足约束条件的最近"非受扰"车辆。为对本章提出方法的有效性进一步验证,作者设计了仿真实验包括1个配送车场点和25个客户点,配送区域面积为60km×60km。客户点的编号分别设为1,2,…,25。设每个客户点的需求量不超过0.8m³,配送车辆的最大载货量都是12m³,车辆连续完成配送任务的最大行驶距离为200km,同时设配送车场坐标为(30km,30km)。为计算方便,对顾客信息进行无量纲数据处理,顾客相关信息如表10.2所示。

表10.2 用户信息

客户点	坐标	时间窗$[e_i, l_i]$	惩罚系数	需求量
1	(25,40)	[30,90]	0.02	2
2	(23,51)	[40,100]	0.04	1.4

续表

客户点	坐标	时间窗$[e_i, l_i]$	惩罚系数	需求量
3	(18,35)	[35,110]	0.03	1.2
4	(5,39)	[30,90]	0.02	0.5
5	(17,18)	[40,120]	0.08	0.9
6	(23,13)	[60,160]	0.02	0.3
7	(29,16)	[90,180]	0.1	0.5
8	(20,23)	[60,220]	0.03	0.2
9	(34,7)	[30,90]	0.02	0.3
10	(38,9)	[60,90]	0.2	0.5
11	(35,12)	[60,120]	0.02	0.2
12	(35,15)	[60,180]	0.12	1.3
13	(40,25)	[90,160]	0.06	0.9
14	(48,16)	[80,100]	0.4	1.4
15	(51,28)	**[80,110]**	0.03	1.4
16	(44,29)	**[90,220]**	0.25	0.8
17	(38,36)	[90,240]	0.15	0.4
18	(46,40)	[40,120]	0.2	1.5
19	(56,55)	[40,90]	0.08	0.3
20	(54,53)	**[60,150]**	0.06	0.5
21	(51,57)	**[110,150]**	0.02	1.7
22	(41,52)	[120,210]	0.08	0.3
23	(40,56)	[110,220]	0.18	1.7
24	(35,55)	[190,210]	0.04	2
25	(32,50)	[180,240]	0.03	0.4

根据上述条件，得出初始配送方案如图 10.3 所示，配送路线为：

(1) 车辆 k_1: 0→1→2→3→4→5→6→7→8→0;

(2) 车辆 k_2: 0→9→10→11→12→13→14→15→16→17→0;

(3) 车辆 k_3: 0→18→19→20→21→22→23→24→25→0。

配送车辆到达各客户点的时间分别为：

(1) 车辆 k_1: 34、43、60、74、106、112、125、146;

(2) 车辆 k_2: 40、45、51、60、84、122、142、165、186;

(3) 车辆 k_3: 52、98、103、110、133、141、155、172，此时派出车辆数目和配送成本最小。

仿真实验中，顾客 24 增加了取货需求，并提前了时间窗，时间窗需求变为 [80,110]。该时刻值为 100，车辆 k_2 刚服务完顾客 16，车辆 k_3 正为顾客 20 进行服务，根据顾客配送时间窗和需求量的约束，车辆 k_3 无法按要求完成对顾客 24 的服务。设初

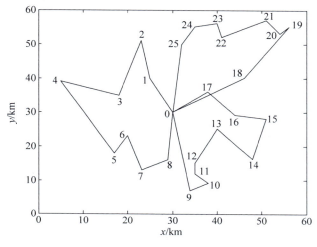

图 10.3 初始调度方案

始调度方案中,后一个客户点时间窗最晚服务时间与前一个顾客的点最早开始时间的差值表示为 $\Delta t = m_{i+1}^2 - m_i^1$,若 $\Delta t > 0$,则系统不发生扰动;若 $\Delta t \leqslant 0$,说明后面客户点的最晚服务时间早于前一个客户点的最早开始服务时间,这是系统发生了扰动,需要改变初始调度方案。顾客 24 需求发生变动后,$m_{24}^2 - m_i^1 \leqslant 0 (i = 21, 22, 23)$,则 k_3 发生扰动,需要在车辆自救、车辆间协助,以及新增车辆等三种模式中进行选择后,对剩余顾客配送进行干扰管理,干扰事件发生后未配送用户信息如表 10.3 所示。

表 10.3 干扰事件发生后未配送用户信息

客户点	16	17	21	22	23	24	25
m_i^2	220	240	150	210	220	**110**	240
m_i^1	90	90	**110**	**120**	**110**	**80**	180

采用本章的干扰管理方法模式为车辆自救,配送路线为:

(1) 车辆 k_1: $0 \to 1 \to 2 \to 3 \to 4 \to 5 \to 6 \to 7 \to 8 \to 0$;

(2) 车辆 k_2: $0 \to 9 \to 10 \to 11 \to 12 \to 13 \to 14 \to 15 \to 16 \to 17 \to 0$;

(3) 车辆 k_3: $0 \to 18 \to 19 \to 20 \to 24 \to 23 \to 21 \to 22 \to 25 \to 0$,如图 10.4 所示为干扰管理配送方案。

2. 对比分析

针对顾客 24 发生需求变化的情况,如图 10.5 所示为全局重调度方案,如图 10.6 所示为增派车辆方案。

为验证所提出的干扰管理及算法的有效性和效率,从配送车辆数目、在途里程、配送成本和时间窗偏离度几个角度,对用本书提出的干扰管理方法与全局重调

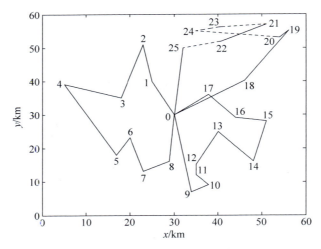

图 10.4 干扰管理配送方案

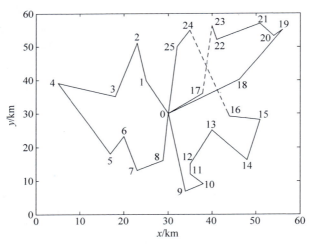

图 10.5 全局重调度方案

度方法生成不同调度方案进行对比,如表 10.4 所示(表中配送路线是从时刻 100 发生需求变化后)。

表 10.4 干扰管理与全局重调度方法结果对比

方　法	调整配送路线	车辆数/辆	在途里程/km	配送成本/元	时间窗偏离度
全局重调度	16→24→25→0 20→21→22→23→17→0 6→7→8→0	3	180.46	790.66	54.35

续表

方法	调整配送路线	车辆数/辆	在途里程/km	配送成本/元	时间窗偏离度
增派车辆	0→17→24→25→0 20→21→22→23→0 16→0 6→7→8→0	4	166.95	887.97	49.08
干扰管理	20→24→23→21→22→25→0 16→17→0 6→7→8→0	3	160.65	766.38	51.26

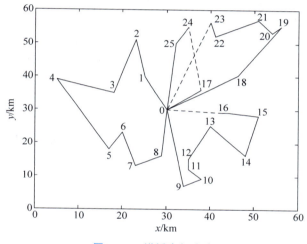

图 10.6 增派车辆方案

从表 10.4 对比结果可以得到如下结论,当顾客需求发生变化后:

(1) 在配送车辆数目方面,顾客需求发生扰动后,本书提出的干扰管理方案和全局重调度方案均未新增车辆,车辆数为 3 辆;而增派车辆方案中,新增一辆。

(2) 在在途里程方面,本书提出的干扰管理方案的里程数最少为 160.65km,比全局重调度节约 11% 里程,比增派车辆节约 3.8% 里程,增派车辆里程数的节约是以增加派车成本为代价实现的。

(3) 在配送成本方面,在不考虑新增车辆成本的情况下,本书提出的干扰管理方案的配送成本低于全局重调度方案,这主要由配送里程和更改待服务顾客顺序共同决定;考虑新增车辆派车成本后,增派车辆方案虽然节约了原配送车辆服务的顾客数,但新派车辆成本、人工成本和碳税成本的总和明显高于前两种方案。

(4) 从时间窗偏离度看,虽然本书方案的时间窗偏离度略高于增派车辆方案的时间窗偏离度,介于另外两种方案之间,但考虑增派车辆方案时间窗偏离度的降低是以增加派车成本为代价,而企业最大化顾客满意度的前提是确保企业收益。

调度问题求解与优化

因此,综合来看,与全局重调度方案和增派车辆方案比较,本书提出的基于IQBFO算法的干扰管理方案牺牲了较少的时间窗偏离度,实现了调度车辆数目、配送里程和配送成本的最小化,其效率更高、更具有实用性。

10.5 本章小结

本章针对顾客需求变化扰动下的配送车辆干扰管理问题进行研究,首先进行了不同需求变化情况下的干扰辨识和干扰管理策略分析,继而设计了基于动态缩进策略的 IQBFO 算法对配送方案进行求解。

(1) 通过多目标规划的方法,构建了基于顾客需求变化的扰动模型,同时引入对目标逐级优化的思想,获取时间偏离度和配送成本最小的受扰后配送调整方案。

(2) 为了优化干扰管理模型、寻求多目标优化问题的较优解,提出了改进量子细菌觅食算法,并对于求解该领域问题经典的算法进行比较,从而验证所提出方法在求解顾客需求变化干扰问题的有效性。

考虑扰动事件的发生将对顾客心理感知和满意度产生影响,因此下一步研究的重点应该围绕如何把动态演化情景嵌入模型,以完善配送干扰管理模型和优化求解策略。

第11章

智能量子算法在疫情医疗物资配置问题中的应用

突发疫情灾害时,由于预测不合理而导致的医疗物资配置冗余、物资配置不平衡、配送成本高、缺少对称性等问题时有发生。随着社会对降低能耗、节能减排、疫情防控意识的增强,有效的医疗物资配置已引起国内外相关学者更多的重视。本章以疫情封控区的医疗物资需求动态变化为约束条件,建立基于情景的两阶段医疗物资鲁棒规划模型,以实现对突发疫情下医疗物资的对称性配置。

11.1 研究背景

近年来全球很多国家发生过不同种类的严重自然灾害,如中国汶川地震、美国卡特琳娜飓风、中国南方雪灾,尤其是2019年12月爆发的新冠疫情,给全球公众的健康、生命安全以及经济社会的发展都带来了巨大的危害和损失。疫情期间全球各国对医疗物资的需求出现了爆发式的增长,而医疗物资出现了供应短缺、供需信息不能有效衔接,以及医疗物资配置不当等问题,这反映出我国乃至全球医疗应急物资保障体系存在一定的短板。做好医疗物资保障工作的基础是对物资需求的精准预测,然而新冠疫情的传染源、传播致病机理、持续时间、变异风险及传染强度都是不可预测的,这给医疗物资需求预测带来了巨大的困难,也是制约医疗物资调度的难题。应急管理部门对医疗物资合理分配的关键在于解决医疗物资供应稀缺和疫情封控区域需求量过大之间的矛盾。国内外相关学者从不同角度对疫情区域医疗物资配置进行了探索性研究,并取得了阶段性进展。有学者建立了针对传染病等公共卫生事件的应急物资配置决策优化模型,利用传染病动力模型预测应急物资的需求。例如,Du LJ et al.通过对武汉市应对新冠疫情中的医疗物资保障工作,提出了需要政府主导的多元化医疗物资供给模式,同时提出了医疗物资需求预测和捐赠物资供需匹配等方面的研究前沿问题。Ge HL 和 Liu N 从时段、关键事件、空间分布、医疗物资等 7 个维度构建了重大传染病疫情演化的情境,并提出了 5 个关键应急物资配置决策问题,构建了一个多周期贝叶斯序贯决策模型,结合武汉疫情进行了算例分析,验证了模型的有效性。Fridell M. 研究了医疗健康物资的可及性与死亡率之间的关系,表明有效的医疗物资配置会降低灾害冲击的影响,但尚需进一步论证。Barasa et al. 通过文献综述研究了卫生部门和其他部门的经验,总结了弹性组织机构的韧性影响因素,包括物质物资、准备和计划、信息管理、附属途径和冗余等。Blanchet et al. 建立了一种新的卫生系统弹性治理的框架,包含收集和分析不同信息及知识的能力、预测和应对未来不确定的能力、管理环境之间的相互依赖性、发展符合规范的制度和规则等方面。Berardi A et al. 研究得出医疗系统多样化、充足的基础设施、综合应急反应等提高了黎巴嫩医疗系统应对叙利亚难民的韧性。Hanefeld J et al. 在埃博拉危机背景下利用健康管理信息系统(Health Management Information System,HMIS)的数据分析了塞拉利昂因产前保健服务利用缺失造成的间接死亡人数进而评估卫生系统韧性。近年来,还有不少学者从考虑疫情演化的医疗物资需求预测研究,研究方法包括仿真模型、传染病动力学模型(如 SIR 模型、SIRD 模型、IHRD 模型、SEIR 模型等),对医疗物资需求数量进行预测。而医疗物资需求主要受疫情演化的影响,同时医疗物资的供应也会影响疫情演化,它们之间存在耦合关系。

综上,传染病动力模型预测在医疗物资应急配置管理领域已有应用,但相关研究大多基于宏观方面分析卫生系统弹性治理策略在医疗物资配置过程中的作用,而利用医疗物资鲁棒配置模型技术与分析方法贯穿整个医疗物资配置全过程的研究较少,并缺少具体的基于需求预测实时信息更新的医疗物资配置模式研究。传统的研究方法缺少物资需求信息实时更新技术,从而导致实际物资供需不匹配、配置决策靶向能力不足、医疗物资配置能力不足等问题。因此,迫切需要结合鲁棒技术针对突发疫情下的物资配置进行研究,以提高疫情医疗救援物资配置的精准性。

11.2　医疗物资配置优化模型

11.2.1　问题描述

影响应急医疗救援物资配置的因素包括:应急物资集散中心与救助点的数量、应急医疗救援物资数量、配送条件及供需情况,而配置的首要目标是在尽可能短的时间内满足不同救助点的救援物资需求。本章研究在应急医疗物资供应充分的情况下,综合考虑多集散中心、多救助点、时间成本、经济成本及公平性等多决策

目标。问题描述如下：疫情发生后，在疫区周边建立适当规模和数量的应急医疗救援物资集散点，从集散点将医疗物资转运至各临时静配中心（Pharmacy Intravenous Admixture Services，PIVAS），再选取适当的配送方式，将救援物资从 PIVAS 供应到不同救助点。假设路网的每条路径至少有一个 PIVAS，疫情区域内存在 p 个 PIVAS，则 PIVAS 集合 L 可表示为 $L=\{L_i|i=1,2,\cdots,p\}$，各 PIVAS 的应急医疗救援物资储备量相应地为 $c_1,c_2,\cdots,c_p$；有 k 个疫情点 $R_1,R_2,\cdots,R_k$，各疫情点的应急医疗救援物资需求量相应为 $d_1,d_2,\cdots,d_k$，且 $\sum_{m=1}^{p} c_m \geqslant \sum_{n=1}^{k} d_n$。潜在疫情点与医疗物资 PIVAS 具有对应关系，对应于每个 L_i，均存在 q_i 个潜在疫情点。在应急医疗救援物资供应充分的情况下，配置优化模型的决策目标主要是在规定的配送时间内满足各个救助点的应急医疗救援物资需求，并且合理规划配送路线，使得应急医疗救援物资的总供应时间最短。作如下假设：

(1) 医疗 PIVAS 可多次向救助点运送物资，不同的救援物资可混合配送。

(2) 配送应急医疗救援物资的车辆从起点出发，完成任务后需返回起点。

(3) 对大量需求救助点采用"需求分割"策略，同时采用"满载直送"和"巡回配送"相结合的方式，按照满载直送优先的原则。

(4) 配送车辆的速度是随机动态变化的。

11.2.2　符号定义

C_i：决策变量，表示 PIVAS L_i 拥有的物资。

S_i^j：疫情点 R_i^j 需要的物资。

s_i^j：PIVAS L_i 向其服务范围的疫情点 R_i^j 配送的医疗物资。

s_{i-h}^j：PIVAS L_i 向其服务范围外临近疫情点 R_h^j 配送的医疗物资。

r_h^j：潜在疫情点 R_h^j 对物资需求的紧迫程度，$r\in[0,1]$。

g_h^j：第二阶段 L_h 是否向 R_i^j 配送医疗物资，即

$$g_h^j = \begin{cases} 1, & \text{是} \\ 0, & \text{否} \end{cases}$$

u_h^j：统计时段内疫情点 R_h^j 暴发的次数。

$\overline{S}_h^j$：统计时段内疫情点 R_h^j 暴发时的医疗物资需求均值。

α,β：调剂比例系数，初值均为 0.5。

$o_j(0)$：在第 1 阶段，向疫情点 j 配送的物资数量。

$s_j(t)$：在第 2 阶段，在 t 时刻向疫情点 j 配送的补充物资数量。

$s_{ij}(t)$：在 t 时刻 PIVAS i 向疫情发生地 j 调度的物资。

$s'_i(t)$：物资 PIVASi 在 t 时刻能提供的物资。

T_{ij}：物资 PIVASi 到疫情发生地 j 的行程时间。

11.2.3 模型构建

医疗配置问题可以建立两阶段决策模型。第一阶段根据疫情感染率特征来确定决策时间和医疗物资的最优配置量，从而尽量降低配送成本，以使路网范围内的医疗物资配置总量最小化为目标，构建医疗物资配置优化模型。第二阶段是基于医疗物资的最优配置量，确定 PIVAS 及物资量，以应急配送时间最短为目标。两阶段模型表示如下。

1. 第一阶段模型

目标函数

$$\min Z = \sum_{i=1}^{m} C_i \tag{11.1}$$

$$s_i^j + \sum_{h=1, h \neq 1}^{m} g_h^j s_{h-i}^j \geqslant S_i^j \quad (i=1,2,\cdots,m; j=1,2,\cdots,n_i) \tag{11.2}$$

$$\sum_{j=1}^{n_i} s_i^j + r_h^j s_{i-h}^j \leqslant C_i \tag{11.3}$$

$$g_h^j s_{h-i}^j + \sum_{j=1}^{n_h} s_h^j \leqslant C_h \tag{11.4}$$

$$\sum_{h=1, h \neq i}^{m} g_h^j = 1 \quad (i=1,2,\cdots,m; j=1,2,\cdots,n_i) \tag{11.5}$$

$$g_h^j = 0, 1 \quad (i=1,2,\cdots,m; j=1,2,\cdots,n_h) \tag{11.6}$$

式(11.1)是目标函数，表示疫情区域路网内医疗物资配置总数最少。式(11.2)~式(11.4)表示约束条件，其中，式(11.2)表示每个疫情点接收的医疗物资数量要满足总体需求；式(11.3)保证每个医疗物资 PIVAS 拥有的物资可以满足其他潜在疫情点的物资需求；式(11.4)保证了每个医疗物资 PIVAS 在按比例提供非配送范围临近疫情点的物资需求后，还可以满足配送范围内发生其他突发疫情时的物资需求量。式(11.5)和式(11.6)表示式(11.1)的参数约束，表示模型的前提条件，即仅需要两个医疗物资 PIVAS 配送物资就可满足事故的救援需求。

疫情发生时，潜在疫情点对医疗物资需求的紧迫程度取决于疫情发生的频次和对医疗物资的评价需求量。研究将其量化表示如下：

假设 PIVAS 的 L_h 存在 n_h 个潜在疫情点，$F_j(j=1,2,\cdots,n_h)$ 表示疫情频次系数，$D_j(j=1,2,\cdots,n_h)$ 表示疫情物资需求系数，则

$$r_h^j = \alpha F_j + \beta D_j \tag{11.7}$$

$$F_j = \frac{\alpha_h^j}{\sum_{j=1}^{n_h} u_h^j} \tag{11.8}$$

$$D_j = \frac{\overline{S}_h^j}{\sum_{j=1}^{n_h} \overline{S}_h^j} \tag{11.9}$$

2. 第二阶段模型

在第二阶段以应急配送时间最短为目标,假设发生 n 起疫情,疫情发生地用 j 来表示,则疫情点集合表示为 $R = \{R_j | j = 1, 2, \cdots, n\}$。疫情发生后,快速的响应时间是保证应急医疗物资调度的关键,因此第二阶段以疫情响应时间最小为目标。

$$\min Z = \left\{ \left[\sum_{j=1}^{n} (o_j(0) + \sum_{t=1}^{N} s_j(t)) - \sum_{t=0}^{N} \sum_{j=1}^{n} \sum_{i=1}^{m} s_{ij}(t) \right] + \right.$$
$$\left. \left[\sum_{j=1}^{n} (s_j(t) - \sum_{i=1}^{m} s_{ij}(t)) \right] + \sum_{t=0}^{N} \sum_{j=1}^{n} \sum_{i=1}^{m} (t + T_{ij}) \right\} \tag{11.10}$$

$$\sum_{j=1}^{n} s_{ij}(t) \leqslant s_i'(t-1) - \sum_{i=1}^{n} s_{ij}(t-1)t \quad (i=1,2,\cdots,m; t=0,1,2,\cdots,N) \tag{11.11}$$

式(11.10)表示最小化应急响应时间的目标函数,式(11.11)表示物资 PIVAS i 在 t 时刻向各疫情点 j 提供的物资数不能高于其物资总数。

11.3 混合量子蒲公英繁衍算法

11.3.1 量子蒲公英繁衍算法

蒲公英繁衍算法是基于蒲公英飘落繁殖的启发式算法,算法本身不易陷入局部极值、鲁棒性强,但算法飘落操作采用固定步长,可能会在最优位置附近徘徊搜索而消耗时间,导致拥有高适应度的蒲公英个体丢失。考虑到量子计算具有指数级存储容量、并行性及指数加速的特征,而量子态的纠缠、叠加和干涉等特性可能有助于降低某些大规模问题的复杂度,因此本章提出了混合量子蒲公英繁衍算法(Hybrid Quantum Dandelion Reproduction Optimization Algorithm,HQDRO)。

个体蒲公英的状态和位置在量子空间是不确定的,并且这些个体被波函数 $\psi(Y,t)$ 确定。个体位置的概率密度函数表示为 $|\psi|^2$。在每个吸引子的维数上建立了基于 δ 势阱模型的吸引势。势能函数可以表示为 $V(Y) = -\gamma \delta(Y)$。其中,

$Y = x_{id} - P_d$ 是介于蒲公英个体位置 x_{id} 和吸引子之间的距离。

HQDRO 具体步骤描述如下：

步骤 1：初始化蒲公英个体数量 b_n、过滤次数 N_{ed}、繁衍次数 N_{re}、趋化次数 N_c、飘落次数 N_s 及过滤概率 P_{ed} 等参数。

步骤 2：在解空间中随机生成蒲公英个体 i 的矢量 x_i。

步骤 3：求解所有蒲公英个体的适应度函数。

步骤 4：量子位置更新。其中，参数为转移周期 $l=1:N_{ed}$；繁衍周期 $b_c=1:N_{re}$；飘落周期 $d_c=1:N_c$。

步骤 5：飘落操作。用随机矢量 $\Delta \in \mathbf{R}^n$ 完成方向调整，Δ 的每个向量都是区间 $[-1,1]$ 内的随机数，由式(11.12)更新蒲公英个体位置 x_{id}，其余变量保持不变。

$$x_{id} = P_d \pm \frac{L}{2}\ln(1/u), u \sim U(0,1) \tag{11.12}$$

$$x_{id}(d_c+1, b_c, l) = x_{id}(d_c, b_c, l) + S(i, d_c)\eta(i) \tag{11.13}$$

$$\eta(i) = \frac{\Delta(i)}{\sqrt{\Delta^T(i)\Delta(i)}} \tag{11.14}$$

式中，$S(i,d_c)$ 表示正向飘落步长，$\eta(i)$ 表变动后方向。

步骤 6：过滤操作。计算 $x_i(d_c+1, b_c, l)$ 的适应度，若优于 $x_i(d_c, b_c, l)$，则将其替换，并按风向过滤，直至适应度值稳定。

步骤 7：量子灌溉操作。根据所有蒲公英个体的健壮性进行排序，并随机灌溉适应度较高的个体 (b, P_{ed})。

步骤 8：判断操作是否完成。

11.3.2 算法收敛性比较

为验证本章所提出 HQDRO 的性能，特选取经典的 Solomon 算例在 MATLAB 9.0 环境下使用 HQDRO 对 6 类问题中每类选取的 1 个标准问题独立执行 20 次，并与该领域广泛使用的 DOA(Dandelion Optimization Algorithm)、QBFO(Quantum Bacterial Foraging Optimization) 和 TSG(Two-Stage Genetic Algorithm) 算法进行比较，以验证所提出方法的可行性和效率。本章引入使用标准测试函数 Rastrigin 作为适应度函数，对比 4 种算法的性能，如式(11.15)所示：

$$f(y) = \sum_{i=1}^{20}[y_i^2 - 10\cos 2\pi y_i + 10] \tag{11.15}$$

式中，$y_i \in [-100, 100]$，设蒲公英个体数目为 20，最大迭代次数为 100 次。图 11.1 是 4 种算法的适应度曲线。从图 11.1 可以看出，本章提出 HQDRO 算法的收敛速度和适应度值比其他算法显著提高，有较好的全局寻优能力。

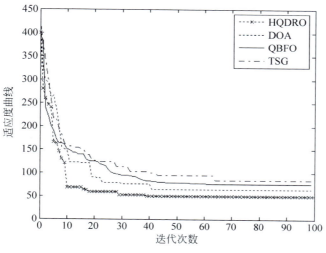

图 11.1 4 种算法的适应度曲线

11.4 实验验证分析

11.4.1 算法结果对比

为验证本章提出基于前景理论的 HQDRO 方法的有效性,本节设置实验数据如下:某地区因疫情被隔离为封控区,新冠疫情防控总指挥部在该区域建立了 46 个 Epidemic Relief Point(ERP),每个救助点的横纵坐标在 $[0,60]$ 内随机生成(单位:km),具体数据如表 11.1 所示。疫情防控所需的物资紧急从区域外汇聚到 PIVAS,坐标设定为 $(30,30)$,这些物资需要尽快送到每个 ERP;为每个救助点分配的物资数量在区间 $[200,600]$ 中根据需求权重产生(单位:件)。

表 11.1 ERP 坐标及医疗物资分配量

ERP	横坐标	纵坐标	分配量	ERP	横坐标	纵坐标	分配量
1	37.8	34.8	493	10	16.6	22	413
2	1	25.8	362	11	9.6	53	458
3	56.2	54.6	303	12	18.6	8.4	512
4	31.2	13.8	523	13	11.8	42	368
5	32.8	40.8	211	14	15.6	14.2	585
6	41.8	39.6	507	15	26.4	22.2	465
7	19.2	8.2	501	16	39	32.4	590
8	24.6	32.2	481	17	33.4	42	351
9	25.6	8.2	314	18	58	25	281

续表

ERP	横坐标	纵坐标	分配量	ERP	横坐标	纵坐标	分配量
19	46.6	8.8	555	33	51	43.6	254
20	2.4	39	417	34	34	35.8	570
21	16	40	206	35	55	3.6	348
22	31.2	46	323	36	19.8	27	501
23	37.2	33.6	407	37	37.2	10.2	524
24	13.8	54.2	332	38	58	53.8	441
25	29.8	42.4	529	39	10.8	22.2	293
26	5.4	10.2	314	40	46.8	56.8	271
27	45.6	39	441	41	2.8	15	461
28	11.8	12.4	468	42	3.4	34	516
29	56.2	39.4	517	43	29.4	14.4	595
30	14.2	54.8	347	44	37	34.6	443
31	58.2	4.6	494	45	0.4	19	309
32	33	11.8	524	46	19.2	55.2	293

11.4.2 基于 DRO 的结果

1. 基于 DRO 的 Transit point（TP）的选择及划分

本章基于 MATLAB R2018a 实现 DRO 算法，算法相关参数设置如下：DRO 模糊加权系数 $w=1.5$，迭代算法终止阈值为 1×10^{-5}，最大迭代次数设定为 100。进行 38 次迭代后，算法达到终止条件，最终 DRO 目标函数值为 6975.58。TP 选择和 ERP 划分的结果如图 11.2 所示(方框表示 PIVAS，5 个圆圈表示选择的 TP，其他 5 种不同形状表示 ERP)。

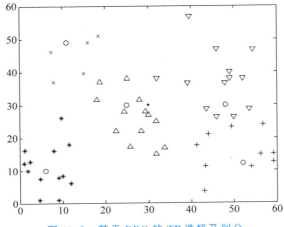

图 11.2 基于 DRO 的 TP 选择及划分

表11.2列举了选择的TP具体位置和每个中转点负责配送的ERP簇。结合表11.1中为每个ERP分配的物资量,可以求得每个中转点Distribution area (DA)的Vehicle residual capacity(VRC)。表11.2中,N^{C_i}表示调整后的医疗救助点DA,n^{C_i}表示救助点数目,Ms_j表示救助点j分配的物资量,C_{rs}表示VRC。从表11.2中可看出,DA1到DA4中都存在较多的剩余容量。虽然DRO方法实现了应急中转点和医疗救助点之间的总距离最小化,但由于DRO方法仅考虑距离准则,缺少对每个DA的车辆容量约束,从而易导致中转点存在VRC的不均衡问题。

2. 基于DRO的配送路线结果

TP位置选定后,后续问题是规划中转点到ERP之间的运送路线、设计运送路线的优化模型。设车辆容量为$20m^3$,车辆运行速度为$80km/h$。基于DRO的TP选择及划分,以及中转点配送路线如表11.2和表11.3所示:总的运送时间为633.82min,医疗救助车辆为12辆,总的VRC为$59.31m^3$,平均等待时间为52.82min,最大等待时间为72.53min。

表11.2 基于DRO的TP选择及划分

DA	横坐标	纵坐标	N^{C_i}	n^{C_i}	Ms_j	C_{rs}
P_1	52.13	12.46	{1,7,12,18,22,27,36,37,40}	9	242	12.23
P_2	6.33	10.15	{4,8,9,11,19,20,25,30,32,39,45}	11	239	16.52
P_3	48.02	30.19	{2,5,10,13,15,17,26,28,31,33,41,44,46}	13	347	11.16
P_4	25.08	30.16	{3,14,16,23,24,29,35,42}	8	221	14.84
P_5	11.08	49.25	{6,21,34,38,43}	5	114	4.56

表11.3 基于DRO的中转点配送路线

DA	配送路线	VRC /m^3	物资等待总时长 PIVAS→TP	物资等待总时长 TP→ERP	物资最长等待时间 PIVAS→TP	物资最长等待时间 TP→ERP
P_1	0→37→1→0	1.06	32.93	48.75	32.93	48.71
P_1	0→22→36→40→0	3.86	32.53	112.35	32.53	72.53
P_1	0→12→18→7→27→0	7.31	32.93	90.11	32.93	56.53
P_2	0→4→19→32→9→0	12.32	25.92	176.15	25.92	59.58
P_2	0→11→30→25→20→8→0	3.56	25.92	140.98	25.92	44.01
P_2	0→39→45→0	0.45	25.92	43.97	25.92	38.01
P_3	0→15→10→26→2→31→0	8.32	37.36	119.12	37.36	62.16
P_3	0→33→17→13→41→44→0	0.99	37.36	83.77	37.36	52.43
P_3	0→46→5→28→0	1.85	37.36	103.05	37.36	41.64
P_4	0→29→35→3→0	12.11	36.32	59.8	36.32	39.32
P_4	0→14→23→24→16→42→0	2.73	36.32	113.16	36.32	55.15
P_5	0→38→21→34→43→6→0	4.56	39.29	123.42	39.29	63.75

由表 11.2 和表 11.3 的结果可知，DRO 方法可以获得 TP 划分位置及相应的物资运送路线，但是由于该方法缺少对划分中 VRC 的约束，导致划分存在一定的不合理性。例如，图 11.3 中（基于 DRO 的 TP 选择的配送路线）的粗线标识的路线存在较大的车辆容量空闲，剩余容量分别为 12.32 和 12.11，其他线路也存在不同程度的剩余容量。

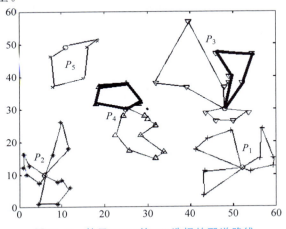

图 11.3　基于 DRO 的 TP 选择的配送路线

11.4.3　基于 HQDRO 的结果

1. 基于 HQDROTP 选择及划分

考虑到 DRO 方法使用的局限性，本节继续运行 MATLAB R2018a 以实现 HQDRO 算法，基于 HQDRO 的配置中转点选择及划分如图 11.4 和表 11.4 所示。通过对比表 11.4 和表 11.2 可以发现：通过 HQDRO 对疫情救助点划分的调整，降低了每个划分中的 VRC。

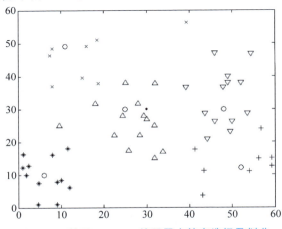

图 11.4　基于 HQDRO 的配置中转点选择及划分

表 11.4　基于 HQDRO 的 TP 选择及划分

DA	横坐标	纵坐标	N^{c_i}	n^{c_i}	Ms_j	C_{rs}
P_1	52.13	12.46	{1,7,12,18,22,27,36}	7	209	12.42
P_2	6.33	10.15	{4,8,9,11,19,20,25,30,32,39}	10	224	10.17
P_3	48.02	30.19	{2,5,10,13,15,17,26,28,31,33,37,40,41}	13	349	7.34
P_4	25.08	30.16	{3,14,16,23,24,29,35,44,45}	9	232	8.41
P_5	11.08	49.25	{6,21,34,38,42,43,46}	7	153	1.50

2. 基于 HQDRO 的运送路线

设置与 11.4.2 节中同样的参数：车辆容量为 $20m^3$，车辆运行速度为 $80km/h$。基于 HQDRO 的中转点配送路线如图 11.5 和表 11.5 所示，总的运送时间为 511.77min，使用疫情救助车辆数为 11 辆，总的 VRC 为 $39.84m^3$，比基于 DRO 方法减少近 $20m^3$（1 辆车的容量）；平均等待时间为 46.52min，最大等待时间为 67.23min。

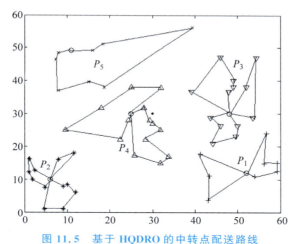

图 11.5　基于 HQDRO 的中转点配送路线

表 11.5　基于 HQDRO 的中转点配送路线

DA	配送路线	VRC /m^3	物资等待总时长		物资最长等待时间	
			PIVAS→TP	TP→ERP	PIVAS→TP	TP→ERP
P_1	0→1→36→12→0	6.36	29.87	45.69	29.83	43.41
	0→18→22→27→7→0	6.06	29.47	109.29	29.43	67.23
P_2	0→4→19→32→9→0	2.59	29.87	87.05	29.83	51.23
	0→11→30→25→20→0	3.07	22.86	173.09	22.82	54.28
	0→8→39→0	4.51	22.86	137.92	22.82	38.71

续表

DA	配送路线	VRC /m³	物资等待总时长		物资最长等待时间	
			PIVAS→TP	TP→ERP	PIVAS→TP	TP→ERP
P_3	0→15→10→26→2→31→0	2.38	22.86	40.91	22.82	32.71
	0→33→17→13→41→0	1.14	34.3	116.06	34.26	56.86
	0→37→40→5→28→0	3.82	34.3	80.71	34.26	47.13
P_4	0→29→35→3→45→0	6.17	34.3	99.99	34.26	36.34
	0→14→23→44→24→16→0	2.24	33.26	56.74	33.22	34.02
P_5	0→38→21→34→42→6→43→46→0	1.50	33.26	110.1	33.22	49.85

11.4.4 对比分析

为验证所提出的 HQDRO 的有效性,研究者对本章提出的方法与采用 DRO 方法所得到的结果分别从 Number of vehicle(NV)、Total VRC(TV)、Maximum Single VRC(MSV)、Average waiting time(AT)和 Maximum waiting time(MT) 等几方面进行对比分析,如表 11.6 所示。

表 11.6 DRO 和 HQDRO 对比表

方　　法	NV	TV	MSV	AT	MT
DRO	12	59.31	12.32	52.82	72.53
HQDRO	11	39.84	6.36	46.52	67.23

从表 11.6 对比结果可以看出,对于本章提出 46 个 ERP 的配送转运要求:

(1) 从 NV 的角度看,HQDRO 方法在尽可能最小化未配送时间的情况下,使用了 11 台配送车辆,而 DRO 方法的运行结果为 12 辆。

(2) 从 TV 的角度看,HQDRO 方法配送过程的车辆剩余容量比 DRO 方法的车辆剩余容量降低了 32.83%。

(3) 从 MSV 的角度看,使用 HQDRO 的单车剩余容量最大值为 $6.36m^3$,比 DRO 的最大单车剩余容量 $12.32m^3$ 相比,充分利用的空间比超过 40%;综合 TV 和 MSV 说明,本章方法得到充分利用车辆容量方面具有优势。

(4) 从 AT 和 MT 的角度看,使用 HQDRO 比使用 DRO 节省时间率分别是 11.93% 和 7.31%,本章方法优于 DRO 方法。

综上,与一般 DRO 方法相比,本章提出的 HQDRO 实现了调度车辆数目及配送空间、时间成本的最小化。因此,本章方法得到的结果更具有实用性。

11.5　本章小结

　　针对大规模灾害中可能出现的救援物资供应节点与需求节点距离太远、关键道路损毁导致难以及时通过车辆运送物资到灾区等情景,本章提出一种基于聚类的两阶段医疗物资联合运输方法,实验结果验证了提出方法和算法的有效性,并主要得出以下结论:(1)常规FCM划分结果可以使得应急中转点和医疗救助点之间的总距离最小化,但由于缺少对每个划分车辆容量的约束,会产生较大的剩余容量;(2)通过FCMwCC对医疗救助点划分的调整,使得每个划分中的VRC变小,能够在总运送时间和平均等待时间稍微延迟的情况下,有效减少使用车辆的数量。虽然本章提出的模型和算法能够有效选择出应急中转点和安排具体运送路线,可以为现实应急物资联合运送提供一定的决策支持,但本章仍有一些需要进一步研究之处。同时,本章构建的模型主要有以下适用条件:联合运送的应急资源限于体积较小的关键应急物资,不适用于大体积物资(如大型医疗设备的运送),集散中心和中转点的装卸能力要相对充足。

第12章

智能量子方法在末端物流管理问题中的应用

针对末端物流配送过程中可能出现的配送时间窗更改、送货地址变化等动态扰动问题,本章提出了基于前景理论的价值函数度量策略和基于量子理论的多目标优化求解方法。首先,对末端物流干扰管理问题进行了描述;然后,为度量用户对货物期待的心理感知度,建立了末端物流配送干扰管理模型,并设计了基于前景理论的价值函数曲线和扰动度量策略;在此基础上,为优化干扰管理模型和寻求用户满意度、配送成本及配送效率等多目标优化问题的较优解,提出了一种融入量子理论的改进细菌觅食方法;最后,将所提出的方法与已经存在的经典算法进行比较,以智能量子方法在末端物流管理问题中的可行性和有效性。

12.1 研究背景

末端物流因其时间长、成本高、效率低等问题已成为制约中国电子商务发展的瓶颈难题之一,同时,由于直接面对终端用户、配送时间窗更改、送货地址变化等动态情况的发生更增加了问题的复杂度。如何实时快速地调整配送方案,使配送作业的效率、成本以及客户满意度受到的扰动最小,是改进末端物流调度急需解决的重要问题。对末端物流配送中的动态扰动问题进行管理属于干扰管理的范畴。干扰管理主要根据问题的扰动程度和性质,建立对应的优化模型,并设计有效的策略来局部调整初始方案,以生成最小化扰动的更新方案。干扰管理的关键是把对初始方案的调整控制在尽可能小的范围内,达到扰动最小的效果。国内外相关领域的学者从多个角度对末端物流调度的干扰管理进行了探索性研究。例如,Bushuev M 等(2013)研究了依托现代化的物流网络开展缩短实物配送时间研究。Mohammad

等(2013)研究如何通过提高货物配送的及时性、满足个性化的配送需求和加强互动性等来创造客户价值。Guiffrida 等(2014)研究人员从物流配送碳排放对城市造成环境压力的角度，提出了从调整商务区的配送时间和在客户收货地址集中的地方建立提货点这两个方面来改善配送模式。学者 Ehmke J 等(2014)对城市货物配送、电子商务和便利店配送等领域中涉及的元素和活动进行了分析。另有 Gevaers(2015)从 B2C 末端配送的角度指出末端配送阶段将商品直接配送到最终接收人指定地址或提货点的重要性。M. D. Yap 等(2016)结合 B2C 电子商务的物流配送特点，设计了对城市环境影响最小的方案。国内学者丁秋雷、胡祥培等基于前景理论，设计了能够均衡各方利益的干扰管理方案。蒋丽等针对车辆故障救援问题从运力干扰管理的角度对问题进行了系统的分析。樊治平等(2012)针对应急方案对突发事件发展演变存在干扰可能，提出了一种基于前景理论的应急响应风险决策方法。王嘉琦等从保护消费者隐私的角度提出了加快智能快递柜标准制定的末端物流应用研究。曾庆成等(2014)针对集装箱码头作业过程干扰事件导致泊位与装卸桥调度难题，设计基于局部重调度与禁忌搜索算法的方法。王征等针对物流配送过程中某路段行驶时间延迟而导致物流配送计划无法实现的难题，提出了采用二维染色体结构的多目标决策模型计算方法。学者 Joseph Berechman(2003)等基于干扰管理思想建立了服务型车辆路径问题扰动恢复模型，提出了两种救援策略。Hunsoo Lee(2003)基于智慧物流的应用讨论了韩国仁川国际机场作为东北亚物流中心的干扰管理发展问题。

上述文献对城市末端物流调度中的干扰管理问题进行了非常有意义的探索和研究，但是现有研究对基于用户心理感知的行为因素在最优解可行性方面的影响考虑不足。因此，针对末端物流配送过程中的干扰管理问题，除了考虑用户心理感知的因素外，如何均衡多目标值而得到平衡各方利益的最满意方案，从而实现最小化扰动是解决此类问题的关键。本章针对末端物流调度中的干扰管理问题，通过结合行为学中的用户心理感知研究方法和运筹学中定量分析的手段，建立末端物流配送干扰管理模型，并使用一种融入启发式的改进细菌觅食算法，提出基于前景理论的扰动度量策略及和基于量子理论的求解方法，以期为物流配送干扰管理的决策提供理论依据和技术支持。

12.2 基于前景理论的扰动度量策略

该类问题的扰动因素包括基于时间的用户满意度、配送成本，以及配送效率。这三个因素都集中表现为人的行为因素，而其中隐含的驱动力和决策是用户心理感知，用户心理厌恶感知度与满意度成反比的关系。

12.2.1 问题界定与假设

带扰动的末端物流调度的一般过程是：物流配送系统由一个配送中心和若干客户点组成，当运载车辆离开配送中心后，需要完成对既定数量客户点的全部服务后再返回配送中心；当系统发生扰动（如某客户点的需求发生更改或车辆出现故障）时，需要对初始配送计划进行修改后进行局部干扰管理。该过程的主要假设包括：(1)配送过程路况是确定的，能够获取不同客户点之间的运行时间；(2)到达任何一个客户点前，车辆载货量应高于下一个客户点的需求量；(3)可以实时获取配送中心货物数量、客户数和需求量。

实际配送过程中，用户的心理会受到系统扰动的影响，而在上述完全理性假设的条件下，对问题的研究难以直接适用于实际物流配送的干扰管理问题，因此本章提出基于前景理论的干扰管理策略。

12.2.2 基于前景理论的函数表示

前景理论是一种用来描述用户在不确定条件下对结果敏感程度的决策模型。基于前景理论，问题的目标 i 的总体评价值 V^i 可表示为 τ^i 和 v^i 的函数：

$$V^i(x,m;y,n) = \tau^i(m) \cdot v^i(x) + \tau^i(n) \cdot v^i(y) \quad (12.1)$$

其中，m、n 表示带来负面影响（亏损）的客观概率值和带来正面效应（盈利）的客观概率值，$\tau^i(m)$ 表示概率 m 的概率决策权重函数；$\tau^i(n)$ 表示概率 n 的概率决策权重函数，即 $\tau^i(0)=0, \tau^i(1)=1$；v^i 表示价值函数，则 $v^i(x)$ 和 $v^i(y)$ 表示相对于参考点（此处选择用户心理期望时间作为参考点）的用户主观价值。目标 i 的价值函数模型 $V^i(x)$ 如下：

$$V^i(x) = \begin{cases} x^{\alpha^i}, & x \geq 0 \\ -\lambda^i(-x)^{\beta^i}, & x < 0 \end{cases} \quad 其中, i=1,2,\cdots,n \quad (12.2)$$

式中，α 和 β 分别对应盈利和亏损区间价值幂函数的凸凹程度，即凸型表示亏损区间，凹型表示盈利区间。如果值小于 1，则表示敏感性递减；参数 λ 对应于亏损区间比盈利区间更陡峭的特征，其值如果大于 1 表示亏损厌恶，前景理论的价值函数曲线如图 12.1 所示。

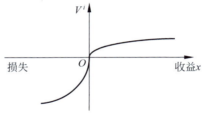

图 12.1 前景理论的价值函数曲线

用户对货物配送的心理感知受配送系统多方面信息的影响,如主干物流的效率、末端物流的路况及配送员的主观决策等。如果货物配送时间与用户的心理期望时间相差较大,则会增大用户的心理厌恶值,从而影响对配送服务的满意度。从用户订单发出的时间点开始,用户会通过不同渠道获取货物即将配送到达的时间信息 T_h,从而产生心理期望时间 T_0,即 (T_h-T_0) 的值越大,用户对配送服务的心理厌恶度越高,则满意度越低。

12.2.3 用户心理期望感知分析

用户对货物期望心理感知与物流企业、用户的心理状况及货物实际到达的时间 T_f 相关。用户在急切期待某批货物时,其期望决策权重函数可表示为:

$$\tau^i(m(T_f)) > \tau^i(m) > 0, \quad \tau^i(n) > \tau^i(n(T_f)) > 0$$

用户对末端物流配送的期望判断表示如下:

$$V^i(T_f) = \tau^i(m(T_f)) \cdot v^i(x) + \tau^i(n(T_f)) \cdot v^i(y) < \\ \tau^i(m) \cdot v^i(x) + \tau^i(n) \cdot v^i(y) = V^i \tag{12.3}$$

如果以用户的心理期望时间 T_0 为参考点,结合前景理论,当 $T_f < T_0$ 时,即货物实际到达时间小于用户心理期望时间,用户的心理期望厌恶度很小(记为 0);当 T_f 的值不断逼近 T_0 时,用户的心理期望厌恶程度不断增加;当 $T_f > T_0$ 时,用户的心理期望厌恶度会显著增加。因此,当以末端物流配送时间为横坐标,以用户心理期望感知程度为纵坐标,根据前景理论价值曲线可以推导出用户对末端物流货物到达时间的心理期望感知曲线,如图 12.2 所示。

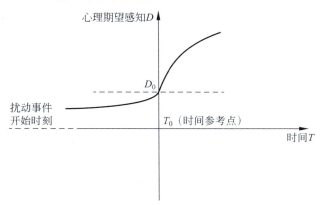

图 12.2 心理期望感知曲线图

当 $T_f = T_0$ 时,期望厌恶度表示为 D_0,对比图 12.1 和图 12.2 可知,图 12.2 可在图 12.1 结果的基础上向上平移 D,同时向右平移 T_0 得到。根据前景理论的上述价值函数模型,则用户心理期望感知函数模型可设为 $D^i(T) = -V^i(-x+$

$T_0)+D_0^i$,即考虑不同扰动目标 i 的货物配送到达时间的心理期望感知函数模型为:

$$D^i = \begin{cases} -(T_0-T_f)^{\alpha^i}+D_0^i, & T_f \leqslant T_0 \\ \lambda^i(T_f-T_0)^{\beta^i}+D_0^i, & T_f > T_0 \end{cases}$$

12.3 末端物流配送干扰管理模型及求解算法

12.3.1 配送优化调度模型

本章构建两个目标函数:一是降低用户对末端物流配送货物获取时间的心理期望感知;二是最小化扰动因素。

根据问题界定与假设,可以构建如下数学模型:

定义决策变量:

$$x_{ijk} = \begin{cases} 1, & \text{静态阶段的车辆 } k \text{ 从客户 } i \text{ 到客户 } j \text{ 有动态需求} \\ 0, & \text{其他} \end{cases}$$

$$y_{ik} = \begin{cases} 1, & \text{客户 } i \text{ 的需求被静态阶段车辆 } k \text{ 满足} \\ 0, & \text{其他} \end{cases}$$

目标函数:

$$\min Z = \sum_{k=1}^{K}\sum_{i=1}^{N+M+1}\sum_{j=1}^{N+M+1} c_{ij}x_{ijk} + \sum_{k=K+1}^{K+L}\sum_{i=1}^{N+M+1}\sum_{j=1}^{N+M+1} c_{ij}x_{ijk} + \\ \sum_{k=K+1}^{K+L} F_k \sum_{j=1}^{N} x_{(N+M+1)jk} \quad (12.4)$$

式(12.4)表示求解扰动问题的目标函数,包括未产生扰动前的配送服务成本、产生新增客户扰动的运输成本及产生新增车辆扰动的派车成本。

模型中符号的含义表示为:客户点编号设为 $1,2,\cdots,N$;配送中心车辆编号设为 $1,2,\cdots,K$;i,j 分别表示配送车场点及客户点($i,j\in\{1,2,\cdots,N\}$);车辆 k 从客户点 i 出发的累积载货量为 $q_{ik}(t)$,且 $q_{ik}(t)$ 小于车辆的最大载货量;q_i 为客户 i 的需求量;车辆行驶的固定成本为 F_k;车辆从 i 点到 j 点的行驶时间为 t_i;客户点 i 到客户点 j 之间的费用为 c_{ij};车辆 k 从客户点 i 到客户点 j 的运输量为 ω_{ijk}。

约束条件表示如下:

$$D^i = \begin{cases} -(T_0-T_f)^{\alpha^i}+D_0^i, & T_f \leqslant T_0 \\ \lambda^i(T_f-T_0)^{\beta^i}+D_0^i, & T_f > T_0 \end{cases} \quad (12.5)$$

$$\sum_{k=1}^{K+L} y_{ik} = 1, \quad \forall i \tag{12.6}$$

$$\sum_{j=1}^{N+M+1} x_{ijk} = y_{ik}, \quad \forall i,k \tag{12.7}$$

$$\sum_{i=1}^{N+M+1} x_{ijk} = y_{jk}, \quad \forall j,k \tag{12.8}$$

$$\omega_{(N+M+1)jk} = x_{(N+M+1)jk} Q, \quad \forall j,k \tag{12.9}$$

$$\sum_{i=1}^{N+M+1} x_{ijk}(\omega_{ijk} - q_j) \geqslant 0, \quad \forall j,k \tag{12.10}$$

式(12.5)~式(12.10)表示约束条件,式(12.5)表示用户对配送货物获取时间的心理期望感知函数;式(12.6)表示每个客户都必须被服务,式(12.7)和式(12.8)表示每个客户仅能被一辆车服务;式(12.9)表示刚从车场出发时车辆应是满载状态;式(12.10)表示到达任何一个客户点前,车辆载货量不能小于下一客户的需求量。

12.3.2 求解算法

1. 一般细菌觅食算法

一般细菌觅食算法是一类全局随机搜索算法(Chatzis S P,2011),它的主要操作包括趋化、繁殖和消除。趋化是细菌觅食算法的核心,包括翻滚和游动。消除操作主要用来创建新的细菌个体来保持细菌的总数,因为在搜索过程中一些个体可能会死亡,而这有利于趋化跳出局部优化(Xu J.J,2013)。如果执行达到了既定的迭代次数,则算法结束。

2. 改进的量子细菌觅食算法

考虑到量子理论能够保证个体出现在有全局搜索能力的可行性空间的任何位置,并且具有种群随机性,因此本章提出了改进的量子细菌觅食算法(improved quantum bacterial foraging optimization algorithm,IQBFO)。量子空间的细菌种群概率密度函数通过分享繁殖阶段的细菌种群信息来构造。

以下引入薛定谔方程(即式(12.11))在每个维度来获取$\psi(Y,t)$(见式(12.12))和$Q(Y)$(见式(12.13))的值,其中L表示δ的特征长度。

$$jh \frac{\partial}{\partial t} \psi(Y,t) = \left[-\frac{h^2}{2m} \nabla^2 + V(Y) \right] \psi(Y,t) \tag{12.11}$$

$$\psi(Y) = \frac{1}{\sqrt{L}} e^{-|Y|/L} \tag{12.12}$$

$$Q(Y) = |\psi(Y)|^2 = |\psi(x_{id} - P_d)|^2 = \frac{1}{L} e^{-2|x_{id} - P_d|/L} \tag{12.13}$$

个体在势场中的运动遵循上述的$|\psi|^2$,它的位置是不确定的。但是在实际应用中,

个体细菌必须在任何时刻都有一定的位置,因此本章中的个体运动方程将会通过蒙特卡罗仿真而获取。在(0,1)区间内获取随机数 u,这里 $u = e^{-2|x_{id} - P_d|/L}$,则个体 i 的 d 维变量位置更新方程如式(12.14)所示。

$$x_{id} = P_d \pm \frac{L}{2}\ln(1/u), \quad u \sim U(0,1) \tag{12.14}$$

$$L = 2\beta \cdot |\text{mbest} - x_{id}(t)| \tag{12.15}$$

式(12.15)中,β 是收缩膨胀系数,$\beta < 1.782$ 以确保算法的收敛性(Wang W,2013)。该方法是根据进化代数(见式(12.16))将 β_1 线性地变为 β_2,这里的 mbest 是种群最优位置矢量的平均值(见式(12.17))。

$$\beta = \frac{(\beta_1 - \beta_2) \times (\text{MAXIER} - t)}{\text{MAXIER}} + \beta_2 \tag{12.16}$$

$$\text{mbest} = \sum_{i=1}^{M} P_i / M = \left[\sum_{i=1}^{M} P_{i1}/M, \sum_{i=1}^{M} P_{i2}/M, \cdots, \sum_{i=1}^{M} P_{iD}/M\right]^{\text{T}} \tag{12.17}$$

考虑到固定步长的缺点,本章提出了动态缩进控制策略在保证收敛的前提下扩展搜索空间。

量子细菌觅食算法的缩进步骤如下。

(1) 初始化参数。初始化的参数包括细菌个体数量 s,迁移次数 N_{ed},繁殖次数 N_{re},趋化次数 N_c,游动次数 N_s 及迁移概率 P_{ed}。

(2) 初始化种群。在解空间中随机产生细菌个体 s 的矢量 x_i。

(3) 计算每个细菌个体的适应度函数 J。

(4) 开始循环。转移周期 $l = 1 : N_{ed}$,繁殖周期 $k = 1 : N_{re}$,趋化周期 $j = 1 : N_c$。

(5) 开始趋化。对每个细菌 i 执行如下操作。

① 翻滚:产生随机矢量 $\Delta \in \mathbf{R}^n$ 来调整方向,并且矢量 Δ 的每个向量是位于区间 $[-1,1]$ 的随机数。根据式(12.10)更新个体细菌个体 $x_{id}(d = 1, 2, \cdots, D)$ 的位置,而剩下的 $D - 1$ 个变量保持不变。

$$x_{id}(j+1, k, l) = x_{id}(j, k, l) + C(i,j)\phi(i) \tag{12.18}$$

$$C(i, 0) = x\_\max_d - x\_\min_d \tag{12.19}$$

$$\phi(i) = \frac{\Delta(i)}{\sqrt{\Delta^{\text{T}}(i)\Delta(i)}} \tag{12.20}$$

其中,$C(i,j)$ 表示向前游动的步长,$\phi(i)$ 表示旋转后的随机方向。

② 游动:评价 $x_i(j+1, k, l)$ 的适应度,如果适应度优于 $x_i(j, k, l)$,则 $x_i(j, k, l)$ 将替换为 $x_i(j+1, k, l)$,并根据移动的方向进行游动,直到适应度值不再提高或到达了最大步数。

(a) 设 $d=d+1$，若 $d=D$，则执行步骤(b)，否则重复执行本步骤。

(b) 设 $j=j+1$，根据式(12.21)的动态缩进策略来改变细菌个体的游动步长，其中 A 是动态缩进系数。

$$C(i,j+1) = A \cdot C(i,j) \quad (12.21)$$

(6) 基于量子行为的繁殖。完成了趋化循环后，当前个体最佳位置以及全局最优位置将被更新。根据式(12.18)计算种群的平均最佳位置 mbest，同时根据式(12.14)更新该位置。

(7) 迁移。根据能量的不同对所有细菌进行排序，同时根据随机初始化迁移适应度低的细菌个体(s,Ped)。

(8) 判断循环是否完成。

12.4 数值实验

为了验证本章所提出的算法性能，选取国际该研究领域认可的 Solomon 库中的 Benchmark 算例，从算法的有效性和鲁棒性等方面进行测试实验，测试运行环境为：选择 Windows 7 操作系统、CPU 奔腾 5 处理器、2GB 内存。

12.4.1 测试算例

测试对 Solomon 库中包含 100 个客户点、单车场问题进行实验，这 56 个算例中包括均匀分布的 23 个 R 类问题、聚簇分布的 17 个 C 类问题，以及混合分布的 16 个 RC 类问题。考虑到本章针对的干扰管理研究，选取随机生成的配送工作期内早峰、中峰和晚峰三个时间段的车辆行驶时间延迟数据，把每个算例所有客户点的最大最迟开始时间 l_i 设为 $\max(l_i)$，i 表示车辆数目，此时干扰事件的生成遵循如下规则：在三个不同区间——早峰$(0, \max(l_i)/3)$、中峰$(\max(l_i)/3, 2\max(l_i)/3)$、晚峰$(2\max(l_i)/3, \max(l_i)/3]$中分别随机产生干扰事件发生的时间点数据。

12.4.2 算法性能检验

本章运行文献[45]中针对动态车辆路径问题的重调度算法与本章提出的 IQBFO 对 Solomon 的 56 个算例进行测试。首先对每个算例在上述 3 种不同时间区间内随机生成扰动事件，然后用本章所提出的算法对相同的扰动事件执行 10 次，56 个算例的配送成本和时间窗标准差百分比如图 12.3 和图 12.4 所示。图中描述了各个算例在 3 种时间区间求得的非支配最优解集中的配送成本及客户要求时间窗偏离程度标准差占平均值的百分比，对 56 个算例按照 17 个 C 类、23 个 R

类及 16 个 RC 类顺序编码 1~56 进行排列。结果显示：在早峰时间区间内的结果标准差较高，但问题的目标值（配送成本和时间窗偏离）都位于较低的水平；晚峰时间区间内的结果标准差较低，但问题的目标值都位于较高水平；中峰时间区间内的标准差和目标值都位于居中的水平。这表明：

（1）扰动事件发生得越早，配送路线可能调整的灵活度越高；扰动事件发生得越晚，配送路线可能调整的灵活度就越低；

（2）相同时间区间内，R 类问题的标准差低于 C 类问题，RC 类问题则介于两者之间，即相对于 C 类问题，R 类问题配送路线可调整的灵活度高；

（3）无论在哪类问题的哪个时间段下，算法执行 10 次的非支配最优解集中的配送成本和时间窗偏离程度都可以控制在 5% 以内，这验证了算法的鲁棒性。

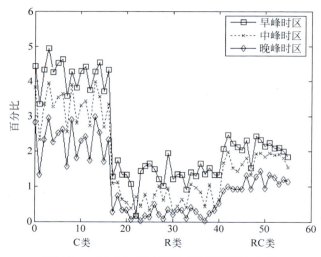

图 12.3 56 个算例的配送成本标准差百分比

12.4.3 算法收敛性比较

为验证本章所提出的改进量子细菌觅食算法的性能，特选取经典的 Solomon 算例在 MATLAB 7.0 环境下使用 IQBFO 对 6 类问题中每类选取的 1 个标准问题独立执行 20 次，并与广泛使用的 BFO、IBFO、AIA 和 QPSO 算法进行比较，从而验证所提出算法的可行性和有效性。使用标准测试函数 Rastrigrin 作为适应度函数来比较 5 种算法的性能，其函数表示如下：

$$f(y) = \sum_{i=1}^{20}[y_i^2 - 10\cos 2\pi y_i + 10] \qquad (12.22)$$

式中，$y_i \in [-100, 100]$，最大迭代次数为 100 次。图 12.5 是 5 种算法适应度收敛

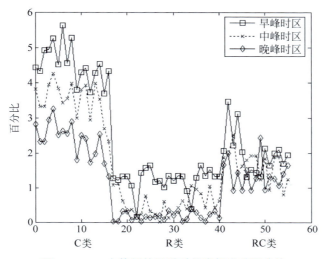

图 12.4　56 个算例的配送时间窗标准差百分比

曲线。从图 12.5 中可以看出，本章提出 IQBFO 算法在第 20 代收敛到最优解，其收敛速度比其他算法显著提高，有较好的全局寻优能力。

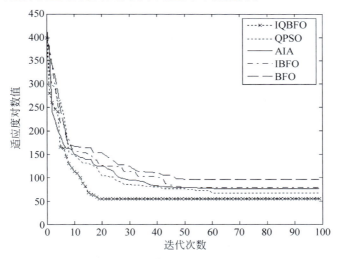

图 12.5　5 种算法适应度收敛曲线

12.4.4　算例分析

为了检验所提出方法的性能，本章设计了包括 1 个配送车场、4 个扰动需求信息和 21 个静态需求信息的仿真实验，配送区域为 50×50（单位：km^2）的区域。扰动需求点和静态需求点的编号分别表示为 $a、b、c、d$ 和 $1,2,\cdots,21$。设每个点的需

求量不超过 $2m^3$,配送车辆的最大载货量都是 $8m^3$,车辆能够进行连续配送服务的最大行驶距离为 200km,同时设配送车场坐标为(25km,25km),需求信息如表 12.1 和表 12.2 所示。

表 12.1 扰动需求信息

客户点	坐标	时刻	需求量	客户点	坐标	时刻	需求量
a	[30,37]	1	2	c	[39,21]	2	0.7
b	[43,44]	2	1.5	d	[41,18]	1	1.6

表 12.2 静态需求信息

客户点	坐标	需求量	客户点	坐标	需求量	客户点	坐标	需求量
1	[6,45]	2	8	[40,45]	0.5	15	[42,22]	1.5
2	[14,40]	1.4	9	[40,38]	0.2	16	[44,20]	0.3
3	[25,33]	0.5	10	[45,44]	1.3	17	[48,19]	0.5
4	[31,35]	0.9	11	[44,33]	0.9	18	[45,9]	1.0
5	[7,30]	0.3	12	[36,24]	1.2	19	[45,15]	0.3
6	[29,27]	0.5	13	[35,28]	1.3	20	[38,08]	1.1
7	[32,41]	0.3	14	[46,27]	0.4	21	[32,13]	0.4

当出现扰动因素 a、b、c、d 等动态需求时,按照初始调度计划派出的 3 台车分别位于客户点 2、7 和 20,即扰动因子关键点集合为{2、7、20};此时车辆从这几个关键点出发的载货量集合为{4.0、0.5、1.3},增加了客户 c 和客户 d 需求后,总需求量超出车辆 3 的载重和最大行驶距离,因此增派车辆 4,利用 IQBFO 对问题进行求解,生成新的干扰管理方案如表 12.3 所示。

表 12.3 干扰管理调度方案

配送车辆	路径	载货率/%	行驶距离/km
1	0—4—2—6—3—a—1—5—0	88	82.46
2	0—7—9—b—8—11—10—0	92.5	89.65
3	0—20—21—c—12—d—0	79	87.36
4	0—15—19—17—18—14—13—16—0	95.05	89.5

对某物流公司的配送分别以"送货上门"为主、"自提柜"为主及"自提点"为主的三种方案(分别表示为 S_1、S_2、S_3)中选择一种最优方案;方案的评估从配送效率、客户满意度、成本和扰动偏离度这四方面进行(分别表示为 C_1、C_2、C_3、C_4),根据 AHP 方法计算权重向量 W 为$(0.309, 0.231, 0.357, 0.103)^T$。在配送期间有四种可能的自然状态——优秀、好、中、差(分别表示为 Q_1、Q_2、Q_3、Q_4),这四种不同状态发生的概率如表 12.4 所示,例如,S_1 方案的 C_1 方面 Q_2 状态的概率值为 0.2。决策者基于前景理论,根据表 12.4 中的信息,从三个方案中选择一个最好的

方案。

表 12.4 不同方案的状态概率表

	C_1				C_2				C_3				C_4			
	Q_1	Q_2	Q_3	Q_4	Q_1	Q_2	Q_3	Q_4	Q_1	Q_2	Q_3	Q_4	Q_1	Q_2	Q_3	Q_4
S_1	0.1	0.2	0.5	0.2	0.6	0.2	0.15	0.05	0.1	0.1	0.5	0.3	0.1	0.15	0.5	0.25
S_2	0.5	0.3	0.15	0.05	0.4	0.3	0.2	0.1	0.4	0.2	0.25	0.15	0.2	0.3	0.3	0.2
S_3	0.6	0.2	0.1	0.1	0.1	0.2	0.4	0.3	0.5	0.3	0.1	0.1	0.2	0.5	0.2	0.1

在各自然状态下,以其他备选方案作为动态参考点,根据式(12.2)的前景价值函数和前景权重函数,其中各参数取值为:$\alpha=\beta=0.88, \lambda=2.25$,可得综合前景决策矩阵如下:

$$V = \begin{pmatrix} -6.186 & -5.26 & -6.846 & -12.69 \\ -6.89 & -2.83 & -13.876 & 1.02 \\ -14.01 & -16.38 & -5.032 & -6.86 \end{pmatrix}$$

根据式(12.3)计算得出各方案综合前景值为:$v_1=-6.78, v_2=-3.86, v_3=-13.52$。综合前景值越大,方案越好,得到方案排序为:$S_2>S_1>S_3$,可知方案 S_2(自提柜)是最优的。

12.5 本章小结

本章针对末端物流干扰管理问题,结合前景理论和运筹学等知识,提出了基于前景理论的价值函数度量方法以及物流配送系统中涉及客户心理感知的干扰管理策略,量化了用户对末端物流货物获得时间的心理感知,用前景理论度量了其心理感知程度,同时以用户心理预期时间为参考点,获取了用户心理预期感知曲线。通过多目标规划的方法,构建了物流配送干扰管理的多目标优化模型,以获取扰动最小的末端物流配送调整方案。为优化干扰管理模型和寻求多目标优化问题的较优解,提出了改进的量子细菌觅食算法,并与已经存在的经典算法进行比较,验证了所提出算法的有效性和先进性。考虑到扰动事件的发生将对用户心理感知和满意度产生影响,因此,如何把动态演化情景嵌入模型,最小化原有调度策略的扰动,从而完善物流配送干扰管理模型和求解策略是该领域未来研究的重点。

后　　记

　　基于多目标的调度问题是物流行业、生产企业以及城市调度管理部门亟须解决的重要问题,但随着调度环境复杂度和客户需求随机性的提高,动态调度决策及不确定调度逐渐成为调度优化问题的主流。科学的调度是现代化企业管理的关键环节,实现了高层决策与实时调度计划相结合,并合理地将其传达给运输部门。调度部门在实际过程中会遇到不确定的客户需求、动态变化的路况等问题,这些问题的随机性和无规律性使调度管理的灵活适应性成为解决问题的关键。这需要对调度过程中的动态事件进行及时的重新调度操作,以保证调度配置任务的顺利完成。

　　本书从多目标车辆路径问题的研究出发,研究了多目标车辆路径问题框架,主要对一般不确定和动态车辆调度问题进行了系统的研究,探讨了不同问题的相应解决策略,并基于量子计算、云理论等求解思路,对所提出的策略和方法的有效性和可行性进行验证,研究结果具有重要的理论意义和实际参考价值,研究的主要成果如下：

　　(1) 在运筹学理论框架下,考虑到前景理论对终端物流配送干扰因素的解决性能,提出了一种新的价值函数度量策略,把用户对于商品到达时刻的主观心理预期感知进行了客观量化表达,通过心理预期感知曲线度量刻画了用户的心理感知度。以多目标规划策略为基础,构建了终端物流干扰规划模型,获取能够均衡多目标的较优解,并形成最小化扰动情况的备选调度方案,并提出了改进的量子细菌觅食算法,对干扰管理模型和寻求多目标优化问题的较优解进行优化。

　　(2) 针对行驶受扰延迟下配送车辆干扰管理问题进行研究,对干扰管理不同模式进行了分析,提出了两阶段管理的方法。在第一阶段进行干扰管理模式的选择,在第二阶段应用 MQPSO 算法对配送路线进行设计。通过多目标规划的方法,构建了行驶受扰车辆管理的多目标优化模型,同时引入对目标逐级优化的思想,来获取时间偏离度最小和配送成本的受扰后配送调整方案。提出了改进的多相量子粒子群算法,优化了干扰管理模型和寻求多目标优化问题的较优解。

　　(3) 在影响范围广的灾害救援过程中,会遇到诸多影响救助物资配送效率的消极因素,如：救援物资集散中心与实际救助点距离过远、关键主干运输线路瘫痪损毁、救助药品配送不均衡等。本书提出了一种基于聚类的两阶段医疗物资联合运输方法,通过对医疗救助点划分的调整,使每个划分中的 VRC 变小,能够在总运送时间和平均等待时间稍微延迟的情况下,有效减少使用车辆的数量。

同时作者在书中提出以下展望：

（1）考虑到扰动事件的发生将对用户心理感知和满意度产生影响，因此，如何把动态演化情景嵌入模型中，最小化原有调度策略的扰动、完善物流配送干扰管理策略是进一步研究的重点。

（2）在满足多目标调度问题的基础上，考虑建立面向绿色环保的车辆调度问题模型，同时对动态环境中货物装箱优先级失效的风险进行评估，完善调度效率、调度稳定性的评价指标是在当前绿色环境下，需要考虑的重要研究方向。

（3）虽然本书提出的模型和算法能够有效选择出应急中转点并安排具体运送路线，可以为应急物资联合运送提供一定的决策支持，但如何根据受灾情景确定较优的应急中转点数量，如何克服划分医疗救助点数量的不均衡性，如何突破模型构建的约束条件限制等，需要更深入的研究。

参 考 文 献

请扫描下方二维码,以获取本书参考文献。

参考文献